검정 고무신

-엔크 시인선-

검정 고무신

초판발행 2024년 5월 8일

지 은 이 김병수
펴 낸 이 박태일
펴 낸 곳 도서출판 엔크

출판등록 제301-2008-137호
주　　소 서울시 중구 을지로 14길 8, 800호
전　　화 02) 2268-5152
팩　　스 02) 2268-5154

I S B N 979-11-86254-50-9 03810
정　　가 15,000원

*인지는 저자와 합의하에 생략하며 잘못된 책(파본)은 교환해 드립니다.

검정 고무신

김 병 수 시집

엔크

저자의 말

　내가 글을 쓰기 시작한 것은 굳이 따진다면 중학교 다닐 때부터였다.
　60여년이 지난 현재와 그때를 생각해 보면 모든 환경이 너무도 다르고 사고도 변했다.
　핸드폰만 열면 인간 두뇌를 대체 할 수 있는 과학을 비롯 다양한 지식과 문화 등 정보가 쏟아져 나오는 편리함에서 인지 남녀노소 불문하고 책을 잘 읽지않는 경향이라고 한다.
　그러나 문학은 다르다. 이는 AI 등 첨단 과학기술로는 대체나 해결을 할 수 없는 영역이며, 특히 시詩는 인간의 감성과 상상을 언어로 표출하거나 이를 문자로 기록해야 하기 때문이다.

　그동안 나의 문학의 길은 일관되지 못했고 평탄치 못했다.
　문학과 사업은 양립하기 힘들다는 것을 알면서 두가지를 다 해보려다 결국엔 다 잃었다.
　한 편의 시를 쓰기 위해서 많은 시간을 물쓰듯 하면서 작품을 잉태해야 할 선비적이어야 할 문인으로써의 나와, 수단과 방법을 가리지 않고 이기고 수익을 얻기 위해 사생결단을 해야 할 사업가로서의 나는 공존할 수 없음에도 양립하려 했기에 나의 문학의 길은 힘들었고 좋은 작품도 문인으로써의 사회적 기능도 제대로 하지 못한 것 같아 큰 아쉬움이 남는다.

시집원고를 정리하면서 마음이 아팠던 것은 청소년기와 1980년대 이전의 작품원고를 당시 버전 286의 PC에 저장해 두었는데 사업실패로 사무실 정리중에 원고를 챙기지 못하고 모두 잃게 되었던 일이다.

요즘처럼 인간의 정서가 메말라가는 추세에 이 한권의 시집이 조금이라도 경직된 삶을 풀어주고 마음의 양식이 되어주었으면 하는 바람으로 2000년 이전의 원고를 모아 이 시집을 내면서, 앞 선분들의 충고와 비판을 받아 더 좋은 시작을 하는 계기가 됐으면 하는 마음이다.

끝으로 원고를 잃고 문학을 접으려 했던 나에게 양지로 끌어내준 친구처럼 스승처럼 막걸리 맛처럼 걸쭉한 시인겸 평론가인 김영진님께 감사드리고, 졸작을 냉철한 평론으로 한 권의 시집이 있게 해준 시인이며 평론가인 최병영님께 감사드립니다.

또한 함께 활동해온 여러 문우와 지인들께도 감사드립니다.

상수를 넘기신 둘째누님께서 건강하시길 기원하고, 우리 형제의 사랑과 정이 돈독하게 해주신 그지없이 고마우신 여섯째 누님 내외와 그리고 막내동생 내외의 건강과 행복을 바라고,

두 아들 가정의 행복과 손자들의 건강무탈을 빌고, 어려움을 함께 해주신 강반석 전도사님께도 감사드립니다.

하늘에 계신 늘 그리운 아버지 어머님과 형님 내외분의 영전에 삼가 이 책을 올립니다.

2024년 4월
관악산이 보이는 창가에서
가현 김 병 수 올림

차 례

저자의 말 ················· 5

1부 새봄에는

새봄에는················· 17
시를 쓰는 여인 ············· 18
봄 5··················· 19
동자꽃················· 20
백합화················· 21
잉걸 꽃 ················ 22
봄···················· 23
수련睡蓮················ 24
오리 알 ················ 25
얼레지················· 26
목련··················· 27
봄의 서곡 ··············· 28
달맞이 꽃 ··············· 29
백일홍················· 30
옥죽 ·················· 31
무궁화················· 32

2부 격정의 세월

보문사 ···································· 35
돌팔매 ···································· 36
기억의 창 ································ 37
란 1 ······································· 39
란 2 ······································· 40
란 3 ······································· 41
쉰 머리 뽑고 향수 뿌리고 ············· 42
여승 ······································ 43
만추 1 ···································· 44
만추 2 ···································· 46
만추 3 ···································· 47
명동거리 ································· 48
아우라지 ································· 50
꽃상여 ···································· 51
소록도 ···································· 52
비 오는 날의 단상 ······················ 54
겨울 허수아비 ··························· 55
금은화金銀花 ···························· 56
파장없는 종소리 ························ 58

3부 괴양골 靈歌

괴양골 靈歌 1	61
괴양골 靈歌 2	63
괴양골 靈歌 3	64
괴양골 靈歌 4	65
괴양골 靈歌 5	66
괴양골 靈歌 6	68
괴양골 靈歌 7	69
괴양골 靈歌 8	70
괴양골 靈歌 9	72
괴양골 靈歌 10	73
괴양골 靈歌 11	75
입영하는 아들 원석에게	76
대추나무	78
삶과 죽음	79
남편은	81
시간의 타래	82
미망의 시간	83
아내는	84
민들레	85
강선루	86
노점상 할머니	88
엄마의 미소	89

4부   창가에 앉으면

천상에 가자 ············· 93
불가사리 ················ 94
창가에 앉아서 ············ 95
파선 ···················· 96
산수유 ·················· 97
눈물 ···················· 98
연가 ···················· 99
여심 ··················· 100
유리벽에 쓴 편지 ········ 101
여체 ··················· 102
피리소리 ··············· 104
샘 ····················· 105
우리속의 여인 ·········· 106
피아노 소리 ············ 107
정방폭포 ··············· 108
주상 절리대 ············ 109
억새꽃 2 ··············· 110
선암사 ················· 111

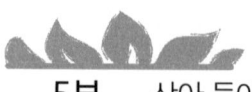

5부 산아 들아

남해바다 ································· 115
개펄에 묻어 둔 편지 ················ 116
여차울 ································· 118
설악산 ································· 119
전등사에서 ··························· 120
훠이훠이 섬진강 1 ·················· 121
훠이훠이 섬진강 2 ·················· 122
학에게 ································· 124
그 품에 안길 나상이려니 ·········· 125
저녁노을 ······························ 127
산여울 ································· 128
겨울바다 ······························ 129
月岳山, 달빛으로 그리다 ·········· 130
정동진 ································· 132
낚시터에서 ··························· 134
숨결 ··································· 136
향수의 그 고향 ······················ 137

6부 철마의 노래

만월화 ·· 141
매화향기 모래톱에 ····························· 142
강물이 되고 싶다 ······························· 144
묵향이 흐르는 방 ······························· 145
황사 내리다 ·· 146
非武裝地帶 1 ······································ 147
철마의 노래 ·· 149
법흥사 ·· 151
만추 4 ·· 153
환상의 울림 1 ····································· 155
환상의 울림 2 ····································· 157
소악후월을 그린다 ····························· 158
흑룡만리 ·· 159
그 곳에 가면 ······································ 160
이작도에서 ·· 162
콩을 먹을 줄 모르는 어머니 ············· 164
고향에서 온 가을 ······························· 166
멈춰버린 1980년, 그 봄 ···················· 168

평설 김병수 시집 『검정 고무신』에 대한 평설 172
최 병 영(시인, 문학평론가)

1부
새봄에는

새봄에는

지난봄에 피우지 못했던
애물 덩어리 꽃
슬픈 풀잎의 노래
땅속 깊이 잠재우고

은밀한 그대 가슴에
시 적어 보내마
다시 꽃씨를 뿌리자
미혹의 잠에서 깨어

허물은 강바닥에 흘려보내고
봄맞이 가자
봄맞이 가자
금 간 가슴에....

시를 쓰는 여인

육신에 잠재한 시와 세월이 충돌하면서
나를 미치게 했고
문학의 굴레에서 고뇌하던
불면의 시간은 정지하지 않았다.

글쟁이의 열정을 툰드라에 묻어 두고
몸부림쳤던 얼어붙은 이 가슴을
봄눈처럼 녹이고
다시 붓을 들게 한 여인!

눈빛에는 사랑과 그리움이
꼭 다문 입가엔 사색이
우수에 찬 그대 모습은
슬픈 시를 쓰고 있다.

나는 또 미치고 있다.
시와 사랑과 노래인
네가
거기 있기에…….

봄 5

집 나간 여편네가 돌아왔다.
입은 옷 훌훌 벗어던지고
미련 없이 떠나더니

그래도 본서방이 그립더냐.
화사하게 차려입고
향기 뿌리며
돌아온 것을 보면

기다림의 시간
그리우면 빗속을 걸었고
외로우면 낙엽을 밟으며, 별을 헤고
고독이 오면 눈속을 걸었다.

돌아왔구나.
웃으며,
예쁜 모습으로
이고 들고 짊어지고....

동자꽃

바람 불고 폭설이 쏟아지는 겨울
아무도 없는 산사에서
홀로 아랫마을 바라보며
어린 동자는 스님을 기다렸습니다.

시주 떠난 스님은 돌아오지 않고
배고픔과 외로움은
하얀 눈 더미로 쌓이는데
불자 되어 장명하라는 어머님 소원
가슴에 안은 채 동자는 죽었습니다.

장명도 성불도 이루지 못한 동자는
눈 녹은 봄 아랫마을 바라보며
이승의 못다 한 인연 송이송이 담아
예쁜 꽃으로 피인
긴-목, 빨간 동자꽃이 되었습니다.

백합화

이 한 봄 다 가도록 기다리다가 핀
함박 웃는 백합화
깊은 밤 창문사이로 스며드는
아내의 마음 같은 은은한 향기
몽롱한 잠결 코 끝에 잠드는
정녕 천국 가는 꿈결이려니
뉘 가슴 저리도 소결할까
뉘 마음 저리도 고울까
창가 달빛아래
마주 보며 서 있는 흰 백합화
우리들의 자화상으로 그려둔다.

잉걸 꽃

훨훨 타는 불꽃!
대지가 타더이다.
내 가슴에 단비가 내리고
파란 잎이 돋아나더이다.

지피어 놓은 빈자리에 누워
체흔을 지우려 했을 때
그대 영혼만 남아
가슴을 허무하게 채워 오더이다.

정녕 멈출 수 없는 길인가
고별의 눈빛 속,
짊어진 보따리
그 무게를 알 수 없지만!

지피리라
타는 불꽃
세월이 가고 또 가도
지피리라

천년의 질화로에…….

봄

아기들 옹알이
나비 춤추는
뿌리의 기지개
옆집 총각 훔쳐보는
엉덩이 큰 가시네.

수련睡蓮

분홍 속살 감추고
연못에 앉아
고독을 노을로 태우는 당신

어인 그립고 아픔 있어
오수마저 이루지 못하고
사념의 늪을 걷고 있나요!

물 위에 그대 모습 그려보면
칠월 햇살에 지친 모습뿐
지나가는 한 자락 바람입니다.

세월의 너울에 찌들어가는 당신
밤이슬로 씻어
포근히 잠들게 해 드리다.

그대 영혼의 뜨락엔
물안개가 내립니다.
예쁜 삿갓을 씌워 드릴게요!

오리 알

하나는
너의 마음 담아두고
또 하나는
나의 마음 담아 두라 했더냐.

하나의 의미를 모르는 채 받아 든
하얀 봉지 속
오리 알
세 개

남은 하나
두 마음
하나로 담아두자는
사랑의 약속인 것을…….

또다시 세어 본다.
너와 나, 우리
하얀 봉지 속
오리 알 세 개

얼레지

동토와 싸우던 질투의 화신 얼레지
날카로운 발톱은 감추고
눈 내리깔고 수줍은 여인
보랏빛 분칠한 시집가는 새색시이어라

겨울을 깔고 앉은
눈 더미를 저렇게 두고
어인 사연 그리 많아
삭풍이 매섭거늘 이토록 에둘렀던가.

가슴 도려내는
칼바람에
절절한 사랑 그 아름다움 어디에 담아둘까나

목련

정령 백설로 씻었더냐.
시리도록 하얀 꽃잎,
행여 때 묻으려니
따다가
책갈피에 끼워 두련다.

어느 가슴에 묻고 싶은
백옥 순정, 그리움으로
혹한 속에 왔다가
삼사일 머물다 가야 하는
아침 이슬 같은 **虛妄運命**이더냐

눈짓만 해도
우수수 떨어질 것 같은
꽃 마음
깨물면
하얀 피가 흐를 순백의 천사여

봄의 서곡

꽃이 걷는다.
풀이 스멀댄다.

으쓱으쓱
꽃바람
풀포기 간지럼 태워
산이 돌아가고

더덩실 천릿길
꽃바람 났다.
꽃 보라 눈보라
천지에 바람

회향의 둑길엔
햇솜 구름…….

달맞이 꽃

보슬비 내리는 새벽녘 산모롱이
한 밤을 기다려도 오지 않는
임 그리워, 눈물 쏟는 이국의 여인

요염하지도 향기롭지도 않고
앙증맞지도 않지만
안아주고 싶은 노란 사포 쓴 달의 여인

임 없는 새벽 빗 속
꼭 다문 입술에 서린 그리움
얼굴마저 잊어질까 몸부림치다가

초췌한 얼굴로
기다림까지 삼켜버린 빗줄기에
망연자실, 지치고 찢긴 고개를 떨군다.

백일홍

허천 나게 사랑받고 싶은
곱던 그 백일은 가고
속살까지 찢어버린 가을바람에
눈물 뚝뚝

아침 이슬방울에 남겨두고 싶던
진홍빛 아름다운 마음
햇살에 사르르
부서지고

화려했던 칠팔월을 그리움으로 두고
다홍꽃잎 남은 향기
보성강에 띄워 보낸다.
이별편지를

옥죽
- 둥굴레 이야기

구수한 숭늉 맛
부모님의 아침 밥상에 올리고 싶네.

잎사귀는 대나무를 닮았으니
옥죽이라 부름이요
하얀 꽃 청아함은
영락없는 한지 바른 초롱이라
어두운 밤 임 마중 등잔불로 쓰려네.

영양 많고 약이 된다 하여
자양초라 하였고
삼백일을 마시고 나면
신선이 된다 하여
또 한 이름 신선초라!

무궁화

봄, 여름, 가을
비가 내리고 찬바람이 불어도
피고 또 피는 생력
인고의 세월 살아온
일편단심 백의의 천사여
그리 곱지도 향기롭지 않지만
지고지순, 고고한 그 모습
이 민족의 혼이요 기상이 아니더냐!
붉은 꽃술에 지혜를 담고
배달의 얼 꽃향기에
백두에서 한라까지
백의의 옷자락 나부끼며
가슴마다 감싸지는
나라의 꽃 무궁화
환히 웃는 겨레의 꿈과 희망과 얼이여!

2부
격정의 세월

보문사

저 푸른 소나무 가슴에
외로움 묻어 두려네.

풀벌레 소리 멈춘
산사의 밤
낙가산 허리춤에 달빛이 차구나

칠흑漆黑 헤집는 저 목탁 소리
어두운 세파 불 밝히려는
노승의 해각이어라

나그네 가슴 파고드는
애설은 염불소리
바깥세상 그리는 아픔인 것을……

다 잠든 밤
추녀 끝 인경소리
가슴 찢는구나

* 해각奚桷: 사방으로 얽힌 매듭을 푼다는 즉 득도한 스님이 중생들의 고뇌를 풀어줌.

돌팔매

잔잔한 물 위에 파문을 게우며
덤벙 뛰어들어
물속을 달려간다.

수평선 너머 땅 끝을 잡으러
발버둥 쳐 보지만
여전 물속, 허공을 헤매고 있다

다만 앙다문 잇 사이
못다 한 말 한마디
물 위로 떠올라
동그랗게 동그랗게 파문만 남긴다.

기억의 창

잔잔한 가슴에 파문을 던지며
함박눈 속을 걷는
청바지 속 그 모습

망각의 세월에 묻혔던
머-언 그날
그 소녀

하얀 상의 파란 치마
연초록 새움 같은
풋풋한 예쁜 소녀였지!

땀 절인 콩나물 버스에서
책갈피에 꿈을 담던
가녀린 몸새, 귀여운
정녕 동화 속의 공주였다.

앞도 보고 뒤도 보고 옆을 본다.
검은 머리 눈 코 입 예쁜 얼굴
시공을 넘어온 기억 속의 그 학생

세월 속에 재워 둔

추억의 창 너머

그립던 소녀 그 학생.....

란 1
- 군자라 부른 뜻은

금세라도 선녀 되어 날아갈 것 같은 너

봄, 여름, 가을, 겨울 그 어느 날에도
창가에 묵묵히 앉아있는 모습
인고의 아픔 딛고
모진 세월 살아온
옛 여인을 봄이로다.

어쩌면 온갖 풍상 이겨가는
시골 아낙 같다가도
잔바람에 한들거리는
섬섬옥수 고운 잎새
춤추는, 도회의 여인일레라.

꽃새는 소박해도
그 향기 따를 수 없고
청아하고 고고한 자태에 반해서
옛부터 사람들은
널 가까이 두고 군자라 불렀나 보다

란 2
- 정한의 여인

뉘 기다리다
지친
넋이더냐

한 겨울
목울음으로 피운
백옥 향, 하얀 고깔이여

어인 그리움 그리 많아
낯선 발걸음소리에 귀 세우고
달빛 푸른 유리창에 눈물을 뿌리는가

지고지순 고고한 당신
곁에 두고 사랑하고픈
정한의 여인이어라

란 3
- 격정의 세월

얼마만큼 짓눌린 세월이었더냐
헝클어진 머릿결
창백한 얼굴

맑고 곱던 모습은 어디에 두고
고달픈 세월 짊어진
허리 굽어 해진 육피肉皮
불안과 초조, 고뇌하며
방황의 늪을 걷고 있구나.

웃어다오
곱고 불꽃같은 열정으로
빈 가슴 채워주던
은은한 향기
당당한, 그 모습으로

쉰 머리 뽑고 향수 뿌리고

세월이 무겁더냐.
처진 어깨, 주름진 얼굴
푸석한 쉰 머리에
수수깡처럼 말라 비뚤어진 몸

벼랑 앞에 선 쇠잔한 육신
가버린 젊은 날들이 그립구나.
저녁노을이 왜 슬픈지
이제는 알것다.

내일 아침엔 쉰 머리 뽑고
머리 깎고 수염 깎고,
갈색 머리에
향수 뿌리고 분 발라야지

얌전한 척 눈 내리 깔고
젊은 사내라면 홰치는
들꽃들아
네년들 심보도 불란다.

쉰 머리 뽑고 향수 뿌리고

여승

초롱한 눈빛
파릇이,
합장合掌한 여승
백옥살결 아침 이슬이여

승복에 감춘 매듭의 사슬
속눈썹에 매달려 울고
애절한 염불소리
은은한 다향 속에 녹는다.

무명초 잘라내도
고행의 풀 다시 자라고
성불의 고뇌가
작은 가슴에 가득 차 있구나.

달빛 얼굴 풀잎 몸매는
아직 속잎의 나이련만
태연하려는 눈망울엔
산사의 고독이 멍울져 있고
연꽃 같은 고운 얼굴에
어두운 그림자가 드리운다.

만추 1
- 강변에 앉아

저 강물, 팻자국
세파에 시달리고 지치고
살아온 무게에 짓눌린 자화상이여
맑고 푸른 물 위에 그려지는
마음의 동그라미가 보고 싶다

세월은 가고 육신은 병들어
할 것도 남아 있는 것도 없는
가는 시간 앞에 앉아
홀로 불러보는 悲怨의 노래뿐!

강둑에 뒹구는
병든 저 낙엽!
창가에 앉아
고독을 헤는
주름진 당신의 세월

달리는 올림픽로 불빛만큼
숨 가쁘게 살아왔지만
이제는 아쉬운 기억들만 짙어지고
어둡고 추운 곳으로 가야 하네

빈 들에 떠는 겨울 허수아비.....

비수처럼 다가오는 시간들
강변에 묶어 두고
춘풍 꽃길 걸으며
남아 있는 길 조용히 세어보고 싶다.

만추 2
- 낙엽을 밟으며

나상의 몸뚱이마다 관광 안내 전단지
굿판 벌이다 자지러진 무당처럼
술 찌꺼기 퍼먹다 미친 똥개처럼
말라빠진 손가락 뽑아 흔들며
소슬한 계절 앞에 눈물을 뿌린다.

길가에 남아있던 들꽃들까지
다 저 버린 지금
젊은 날의 추억을 움켜쥔 채
떡갈나무 잎을 밟고 서서
외롭게 웃었어.

늦가을 옷깃 파고드는 싸늘한 바람결에
상처 난 가슴 움켜쥔 채
훗날을 기리는 나뭇가지 붙들고
내몰린 나약한 자화상 붙들고
계면쩍게 웃었어.

기다려야 할 꿈과 아름다움이 거기 있기에…….

만추 3
- 도투락의 추억

가을이 깊어가는 우장산 숲 속
말라빠진 낙엽을 깔고 누우면
생각나는 젊은 날의 초상
바람이 되어 버린
지울 수 없는 추억, 도투락의 첫사랑을

멈추지 않고 가는 세월 따라
찾아온
쓸쓸한 이 가을
내일 위해 푸른 잎 태우고
떠나는 그런 네가 부럽구나

잎 지고 새도 떠난 길가에
사랑받지 못했던 노란 들국화
서릿바람 안고 향기를 뿌린다.
황금비단 깔아놓은 꿈은 이런 거라고

낙엽을 밟으며 걷고 있다.
자줏빛 도투락의 향기 드리운
나물바구니 속의 젊은 날을 추억하며

주: 도투락- 옛날에 처녀가 머리에 매는 자줏빛 댕기

명동거리

젊음과 사랑이 있고 눈물과 희열이 있고
로맨스그레이도 아름답던 곳
때로는 무작정 걸었던 추억의 거리

즐거워도 걷고 외로워도 걸으며
만남과 이별과 슬픔으로
울고 웃으며 노래하던
멋과 사랑과 환희의 거리
젊음과 뉴-패션의 실루엣

독재와 총칼 앞에 민주화를 외치고
막걸리에 시 한 구절 띄워 마시던
즐거움과 희망과 낭만과
꿈과 열정이 불꽃처럼 타오르던 곳

삶에 지친 군상들이 회포를 풀고
세상을 부정하고 울분을 내뿜는
망나니들의 몸부림까지도
포근히 감싸주고 안아주던 명동거리

지금은 모두가 변해버린
번지 없는, 추억의 명동거리를
무작정 걸으며
명동! 명동거리!
젊은 날의 자화상을 되돌아본다.

아우라지

송천강 골지천 휘돌아 흐르는
뗏목 꾼 원혼이 우는
아우라지 두물머리 강가에
비바람 눈비 맞으며,
그리운 님 기다리는 처녀상

떠난 님 무사귀환 비는
가슴 도리 찢는 애상
네 어이 모르는 척 하느냐
달아 산아 그저 흐르는 무정한 강물아

혹한 혹서 눈비바람 속에
긴긴 세월 그리운 님 기다리는
立地不動 唯一心 처녀야
다시는 만나지 못할 것을.....

강물 울고 세월 울고 처녀 우는
임 없는 빈 나루
아리랑 아리랑
정선 아리랑
애곡만 절절히 흐르는구나

꽃상여

北邙山 가는 길
꽃상여 타고,
애잔한 선소리 따라 영혼이 떠나가면
남은 이들 석별에 울고, 산천도 우는구나!
한 울음으로 와서
탐욕 속에 선악 속에 희로애락 넘나들다
못다 한 삶도 한으로 두고
빈 몸
슬피 우는 요령소리 따라
이승을 뒤로하고
한 줌 흙으로 가는 길
사랑하는 사람들 이승의 문턱에서
작별 슬퍼하고 있을 때
널 위에 노란 국화
한 송이 한 송이 눈물에 젖어들고
흙더미 한 삽 한 삽
봉우리 만들고 잔디 심으면
돌아올 수 없는 저승길
영혼마저 떠나고 나면
흔적 없는 허망세월 꽃상여만 돌아옵니다.

소록도

1.
눈물이 바다 되었나!
돌아보면 물길뿐
육신이 썩어가는 천형
문둥이!
가족이 울고 한이 소리친다.
접근 금지 경고문
인적은 정지하고
모퉁이 너머에서 들리는 울음소리
그 고통 가슴으로 안아주지 못하고
눈가에 고인 그 눈물
한 방울도 닦아주지 못하고
아픔만 가슴에 안고 뒤돌아섭니다.

2.
한숨이 물안개 되었나!
돌아보면 안개뿐
손가락 발가락 썩어가는 천형
문둥이!
뒹구는 살점이 울고 한이 소리친다.
철조망 너머

사람들 자유롭게 살아가는
바깥세상 그리움에 몸부림치는 소리
그 고통 가슴으로 안아 주지 못하고
눈가에 맺힌 그 눈물
한 방울도 닦아주지 못하고
아픔만 가슴에 안고 뒤돌아섭니다.

비 오는 날의 단상

창밖에 비가 내린다.
가슴에 봄비가 내린다.
그리운 당신이 오는 소리

다가갈 수 없는 저 아름다운
풀과 바람과 나무 그리고,
사람의 향기
한 줌의 흙⋯⋯

목이 아프도록 소리치고 싶다
벽을 물어뜯고
창살을 물어뜯고
하늘까지 물어뜯고⋯⋯.

자유를 사랑을 그리운 저 대지를
심장에 땀이 나도록 껴안고
등짝에 진물이 나도록
구수한 흙향기에 취해 눕고 싶다

비가 내린다.
가슴에 비가 내린다.

겨울 허수아비

나는 허수아비로소이다.
얼굴은 반쪽
속살 터진 옆구리
황금 들녘이 그리운
지아비

나는 허수아비로소이다.
웃음을 잃어버리고
심장이 멈춘
한 걸음도 걸을 수 없는
홀아비

나는 허수아비로소이다.
친구도 없고
새들도 오지 않는
찬바람 몰아치는 벌판에 비틀거리는
헝겊떼기

금은화 金銀花

가시덤불 헤치고 피어 오른
길고 험했던 인고의 세월 금은화여

늘 겨울이었던 생과 사의 길 그날들
孤苦한 기다림을 숙명처럼 안고
독재의 총칼 앞에 희생과 열정과 고통으로
힘없는 자들과 아픔을 함께했습니다.

회한과 고뇌와 분노로 얼룩진,
암울했던 절망의 시간들 앞에
꿈과 사랑과 희망의 씨를 뿌려
얼어붙은 이 땅에 꽃을 피웠습니다.

군화 발에 짓밟힌 민초의 아픔까지
민주화의 꽃으로 노래로 승화하여
희망과 평화의 노란 꽃으로 피었다가
백의의 얼 하얀 꽃 되어 낙화하는 금은화

절망과 어둡고 핏물 든 이 강산을 지켜 낸
사랑과 민주화의 혼
인동초 금은화여

이나라 민주화의 횃불 김대중

타오르는 그 횃불! 영원히 비추우리라

금은화: 일명 인동초 꽃은 노랗게 피었다가 하얗게 변색되어지는 꽃으로. 김대중 전 대통령의 상징이기도 하다

파장없는 종소리
- 칠순을 보내며

파란 불빛 찬란히 비추는
아름다운 꿈과 희망이 가득한
끝없이 펼쳐진 길 따라
꿈 많던 시작이 엊그제인데
어느 날 중심을 잃고 삐걱거리며
마시고 웃고 미치다가 예까지 왔구나.

파도치는 바다로 밀려가야 하네.
내 마음도 의지도 아닌
비바람 몰아치는
어둡고 험한 바닷길을
쓸쓸히 걸어가야 하네.

헝클어진 타래 다 풀지 못하고
아쉬움만 한 짐 지고
시간의 노예가 되어
가는, 막다른 외길 종점
파장 없는 쇳소리뿐 종소리는 멈추는가······.

3부

괴양골 靈歌

괴양골 靈歌 1

옥구슬이듯 물방울, 실개천 휘돌아
방울방울!
동천에 서천에
금빛노래 은빛노래,
사랑을 싣고 행복을 싣고 흐른다.

꽃구름 이는 하늘, 아름다운 산과 들
산 그림자 내리는 들녘엔
송아지 울음소리 새들의 노랫소리
아기노루, 소쩍새 우는 밤
어머니 물레 소리에 달빛도 잠이 드누나.

동트는 골목마다 타오르는 굴뚝연기
따끈한 아침 밥상으로 하루를 열고
무중우 잠방이 적삼에
괭이 삽 둘러메고 논밭에 가면
애지중지 농작물 반갑다고 까르르……

고려 중기 고승 보조국사 지눌
고복이재 아래 참샘가에서 이르기를
"공양을 들었으니 마을이름 「공양골」이라"

우리 마을 나이 800여 년은 족히 되었으리.

동네 곳곳에 남아있는 전설, 그 흔적들
몰랑들 역장 터엔 마구와 그릇, 기와조각들
매사냥터 매봉, 불당골, 절골이
천년세월에 묵정밭, 잡초만 푸르러라
왜놈들과 피의 항쟁, 수난의 골도 있음이요.

김 이 박 최 정 황 조 안 윤 권 강 문 씨
가문 열고 살아온 일백삼십 여 호
동촌입구 뱃머리 형국이라 돛대를 세우고
달집 짓기, 사물놀이 지신 밟으며
행운 빌고 풍년 비는 미풍양속도 자랑이라.

주고받는 막걸리 한 사발에 정을 나누고
오손도손 한 마음, 서로 도우며
정직하고 순박하게 살아가는
조계산 정기 흐르는 마을
신전리 괴양골, 괴양골이라네.

괴양골 靈歌 2
- 무중우잠방이 검정 고무신

검정 고무신
닳아질까 허리춤에 차고
학교 가는
맨 발
십리 자갈길

찬바람 몰아치는 신작로
검푸른 속살
무중우 잠방이
구멍 난 무릎
황소바람 치는 소리

풋대 죽 한 사발에
물배를 채우던,
배고픈 보릿고개 시절
맨발, 십리 자갈길
허리춤에 차고 가는 검정 고무신

괴양골 靈歌 3
- 어머니

오늘은 포근하게 웃으시던
인자하신 생전의 모습이 보고 싶습니다.
살다 가신
풍상, 그 세월!
한 올 한 올 물레로 잣아
베틀에 매어 배를 짜시다가
저고리 다 짓지 못하고
가신 어머니!
못다 한 아쉬움을
무덤가에 하얀 꽃 마음으로
자식들에게 행복주심은
넓고 깊은 사랑입니다.

괴양골 靈歌 4
- 아버지

높지도 않은 그 고개 넘지 못하시고
살다 가신 마흔아홉
짧은 세월!
풀을 뜯고 논밭 갈아
고랑마다 씨를 뿌리고
곡식을 거두시다
곳간 다 채우지 못하고
가신 아버지!
못다 한 아쉬움
자식들에게 큰 사랑 주시니
슬픔만은 아닙니다.
주신 그 사랑
오늘도 행복한 웃음으로 흐릅니다.

괴양골 靈歌 5
- 추석

돌담도 마당도 은빛 세상
활짝 웃으시네요.
보름달로 오신 어머니!

부모님 떠난 자리는 비어 있지만
오늘은 자식들이
예처럼 빈자리를 채웠습니다.

들녘은 금빛 은빛 탐스러운 과일들
집집마다 넉넉한 음식과
아랫목엔 술 괴는 소리에
웃음꽃 피는 고향의 추석

몰랑들 햅쌀로 송편 빚고 밥 지어
황새등 과수원 밤 사과 감 배 따다가
차례 상에 올려놓고
못난 불효자식 술잔을 올립니다.

추억들이 낙숫물처럼 흐르고
푸짐한 정 오가는
고향에 있는 보름달

유난히도 크고 밝고 따스합니다.

포근한 고향의 추석
불알친구 만났으니
막걸리 잔에 취한 즐거움이사
고주망탱이 된들, 주정뱅이 된들 어떠리.

괴양골 靈歌 6
- 홍매

잔설 덮인 뒤뜰에
홍매 한그루
설한 속에 키워 온
절절한 사랑
청포망울에 안았더냐.
꼬―옥 저민 가슴
살짝 열어
눈 덮인 돌담 위에
향기를 살포시 얹어놓는다.

괴양골 靈歌 7
- 純情

등잔불 졸고 있는 초가집
분홍저고리
수줍은 소녀
가슴에 담아 둔 그리움

조끔 산 석간수 같은
풋풋한 가슴에 흐르는
백옥순정
오월 보리밭 연정이었다.

울타리 안 곱던 소녀
아름다운 애상愛想
가슴으로 기다리다
마음 한번 열지 못하고

어느 가슴에 피어, 눈물 꽃
세월에 묻혀버린
무명꽃 하얀 순정
아 괴양골 연가여.....

조끔 산: 조계산 제2봉으로 작은 장군봉
무명 꽃: 목화 꽃으로 하얗게 핀다.

괴양골 靈歌 8
- 고향초 1

맑은 바람 고운 물에 울창한 숲, 안온한
조계산 자락 산골 마을 괴양골
하나면 둘로 둘이면 하나씩 나누며
정직한 자연과 살아가는 순박한 사람들
동편 서편 하나 되는 두물머리에
뱃머리 형국이라 돛대 세우고
당산나무에 오색헝겊 새끼줄 감아
행운 빌고 풍년 빌며
굿거리 지신밟기 풍악놀이에
지녀 온 미풍양속 그 전통들은
개화의 물결 뒤안 길에 묻혀버리고
긴 세월 마을의 수호신으로 서 있던
당산나무도 돛대도 지금은 간 데 없구나.
지난날의 아름다운 전설도 인심도 모른
낯선 시멘트 정자 하나 뱃머리에
고속도로 바라보며 휑하게 서있다
오곡백과가 풍성한 곳
골짜기마다 달변이 마다 옛 세월이
집시랑 마다 토장국 인심
아랫목 밥사발엔 푸근한 모정
허기진 보릿고개의 배고픔도

닭서리 수박서리에 보리사리에
목다리 장단에 등짐 지던
지난 이야기들까지 추억 속의 세월이지만
우리들의 어머님 사랑은 봇물로 흐른다.

괴양골 靈歌 9
- 물레

끊어질 듯 영생하는 소리
칠흑 밤
어머님 시름 태우는
접싯불
타고 또 타는 삼경,
한 세월 안고 가는 가락의 윤회여

무릎 베개 철부지 환상 꿈길 갈 때
어머니 모진 세월
물레로 가닥가닥 잣아
한 길 가고 또 가는
가락의 먼 길
한 세월 안고 가는 백사의 꿈이여

괴양골 靈歌 10
- 봄처녀

검정치마 연분홍 블라우스에
초록스카프 목에 두르고
터질 듯 가슴으로
고샅길 나서면,

노란 개나리 졸고 있는 돌담길 지나
활짝 핀 벚꽃 봄을 팔고 있다.
화사한 향기 복사꽃 피면
수줍은 처녀 춘정에 가슴앓이,

맑은 물 흐르는 실개천 건너면
애태우던 진달래
이 산 저 산
불타고 있다,

아지랑이 모랑 대는 들판
두렁에 앉은 처녀야
바구니에 나물 캐 담고
봄 향기도 담아라.

지난날 들녘에 묻어 둔
꿈도 줍고
나비 춤추는 나물바구니에
사랑을 담아라.

괴양골 靈歌 11
- 마음의 강

달무리 내리는
물 언덕에 앉아
물벌레 울음보다 작은 소리로
속삭이는
소녀의 꿈

가슴에 담아 둔
순정의 강
돌멩이 하나 던져 봅니다.
실핏줄 우는 고요

꽃처럼 남고 싶은 소녀
아름다운 꿈 흐르는,
마음의 강
단발머리에 달무리 피누나

입영하는 아들 원석에게
- 논산 훈련소에서

건강히 훈련을 마쳐라! 그리고 자랑스러운 군인이 되어라!
이 나라의 모든 아들들은 누구나 가는 곳이다.라고
너의 등을 두드리며 말을 했지만
연병장을 향하여 나가는 뒷모습을 바라보며
나의 눈가엔 어느새 눈물이 고이고 있었다.
너의 눈에도 눈물이 흐르고 있었을 것이고
볼 수는 없었지만 어깨가 떨리도록 눈물을 참았을 것이다.

나는 입영하는 너 앞에 강한 아버지이려고
눈물은 감췄지만 가슴은 찢어지는 것 같았다.
태연한 척 뛰쳐나갔던 것도, 뒤돌아보지 않았던 것도
흐르는 눈물을 보이지 않기 위해서였음을 알고 있다.
그래서 뒷모습을 보는 마음은 더 아팠던 것이다.

아들아 국가의 부름이다.
분단조국에 태어난 이 나라의 젊은이들이
반듯한 청년이라면 한 번은 가야 하는
의무요 권리이며 호국의 길이기 때문이며
적에게 짓밟히지 않는 생존을 위한 길인 것이다.

군대를 갔다 오면 더 성숙해진다고들 하지 않더냐!
그만큼 힘들고 고생을 한다는 의미요
온갖 어려움을 참고 극복함으로써
세상을 알고 지혜가 생겼다는 뜻이기도 함이요
인생을 살아갈 성숙한 청년이 되는 길이기도 함이니라.

아들아! 군대라는 특수집단 속에서는
우리는 있지만 나는 존재하지 않는다.
오직 명령과 복종과 함께하는 조직의 일원으로
부여된 책임과 사명에 충실한 내가 되어
참으며 절제와 양보와 협동을 원칙으로 하는
정당한 경쟁으로 첫째만이 존재하는 것이다.
외롭고 괴롭고 어렵고 참아내기 힘들지만
지혜와 강한 경쟁심으로 자아를 완성하여
당당하고 필요한 사람이 되어
대한민국의 강하고 훌륭한 군인이라는
자랑스러운 우리의 아들이 되길 바란다.

대추나무
- 아들 원석

너는 어째서 집이 없니
눈 오고 바람 부는 추운 날
마당에서 떨고 있는
대추나무야

그곳에 서서
떨고 있지 말고
창을 열고 들어오렴.
이불도 덮어 주고
따뜻한 보리차도 줄게

지난가을에는
네가 가져온 빨갛고 예쁜 대추를
외가 집에도 주고 이모네도 주었지
그래서 너를 좋아하고 고마워하는 거야

내 방으로 들어오너라.
밖에서 떨고 있는
불쌍한 대추나무야
빨리 들어왔으면 좋겠다.

삶과 죽음
- 친구의 죽음에

삶과 죽음이란 걸
우리 모두 혼동하고 있었어.
하루 전 어제
자네와 나는 마주 앉아
점심으로 자장면 곱빼기를 먹고
저녁엔 동업자 간의 언짢은 일로 아파하기에
위로하며, 소주잔을 기울였는데
오늘 아침엔
싸늘한 시체로 자네를 만났구려!
우리 인생 삶과 죽음이란
무엇이 다르고 그 거리는 얼마일까!
모두가 혼동뿐일세
어제 자네는 죽음을 예단이라도 했듯이
삶과 죽음이 무엇이냐고 뜬금없이 물었지
함께 가던 길을 오늘은 따로 가고 있으니
살고 죽음이 무엇이 다름인가를
오늘 자네가 대답하고 있음 일세
또한 술을 마실 수 없으며
대화하며 웃는 얼굴을 볼 수 없다는 것과
자네는 말이 없고
내가 영전에서 슬퍼하는 것 그것이 다름 일세

오늘 노제에서
자네에게 술잔을 따르지 않은 것은
삶이 죽음이고 죽음이 삶이며
멀리 떠나보내고 싶지 않았음 일세
사랑하는 친구야
삶과 죽음이 없고 아픔이 없고
탐욕도 미움도 저주도 없는 세상
거기 안주하게나

1999 봄 친구 동원이 영전에

남편은

구조 조정이다 명예퇴직이다
줄마저 설 줄 모르는
살얼음판 만년 대리
긴장과 두려움
살아남으려는 전장터

포장마차에 앉아
쌓인 고통 깡 소주로 풀다가
간 부풀어
과자봉지 하나 들고
들어선 현관

부릅뜬 눈, 주먹 불끈
아내는 사천왕 문지기
안식처라 찾아온 집구석
최전방 전쟁터

가난도 고통도 내 탓
깨지는 소리뿐
가장의 권위는 가출한 지 오래
모로 눕는 늦은 밤

내일이 없었으면…….

시간의 타래

회한의 세월을, 검게 탄 주름살에 감추고
난로 가에 앉아
시린 어깨며 팔다리를 데피는
어머니를 보았네.

또 다른 지난날들을
잘게 썰며
말라붙은 속살
까칠한 껍데기만 짊어진 채
당신의 세월을 묻고 있더라.

논밭을 일구고 길쌈을 하던
질곡桎梏의 세월
거친 손등을 잡았을 때
포근한 모정의 숨결이
속가슴까지 저미어 오더라.

어디서 왔쏘?
지리산 밑에서 왔당께라
귀에 익은 전라도 사투리
구수한 담북장 맛으로 혀 끝에 감긴다.

미망의 시간

검푸른 장벽이다
울분을 뿜어내는 성난 파도
스스로 할 수 있는 것은 없다
피가 역류하고 터질 것 같은 심장

이름 모를 짐승들이
알 수 없는 소리로 울부짖고
날카로운 사슬에 옥죄어 있다
빨간 눈물이 얼굴을 물들인다.

바람도 햇살도 저만큼 돌아 나가고
분노만 분출하는
이름모를 벌레소리
역겨운 찌꺼기 쏟아내는 군상들

내일이 정해지지 않는
미망의 시간들
시퍼런 칼날 위에 세워져 있다

한 줄기 빛이라도 다가올까
봉해진 주둥아리로
기다림을 되새김질하는
굼벵이들

아내는
- 홀로 남은 방

남편을 하늘로 알고 내조하고
자식들 기르며
아내로만 살아온 한 길
거울 속 한 여인을 봅니다.

젊은 날의 꿈은
세월에 포로가 되어 버리고
육신은 박제가 된
잔주름뿐인 추한 몰골
어디선가 본 듯한 낯선 여인입니다.

행복했던 신혼의 꿈은 아득한 추억
출장이다 야근이다
식어버린 남편의 체온,
품 안 자식마저 떠난 휑한 자리
홀로 남은 방 외로움뿐입니다.

조금은 알 것 같은
여인들의 외도
카멜레온이 된 남편
황량한 벌판에 서 있는
고독한 자화상이 미워집니다.

민들레

보행길 보도블록 틈새에 얼굴 내민
앉은뱅이 꽃 한 송이
물도 없고 기름진 흙도 없는
척박한 환경 시멘트 틈에서
사는 방법을 개척하고 있는
억척스런 민들레 꽃
짧은 꽃 대궁에, 작은 꽃봉오리
제 몸을 줄이고 깎아내어
절명위기를 고통으로 극복하며
종의 보존 앞에 몸부림치는
들꽃의 각고의 생존지혜
그뿐이랴
예쁜 꽃을 피우면
밟히지 않고
생존할 수 있다는 것을 터득했더냐!
예쁘게 피운 노란 민들레꽃
사십도 열기를 뿜어내는 길바닥에
납작 엎드린 채 살포시 웃는 얼굴로
향기를 뿜으며 생을 찬미하고 있다.

강선루

선녀가 뿌린 눈물인들 이보다 맑으랴
녹음 짙은 조계산 계곡 따라
굽이굽이 돌부리 안고
옥빛처럼 고운 개울물이 흐른다

오가는 중생의 시름 품어 안으며
천년 넘어 긴 세월
흐르는 물에 네 발 담그고
아름답게 단청빛 단장하고 서있는 강선루

직선과 곡선, 호선弧線의 부드러운 처마와
원이 만든 무한의 미적 공간, 조각들
칼과 낫과 도끼로 파고 깎아 태어난
장인匠人의 혼을 불어넣은, 線의 美學 降仙樓
금세라도 선녀가 내려와 춤이라도 출 듯

물과 돌과 천년 세월 두고 변치 않는
강선루의 저리 아름다움에 반해
나래 끊어 소에 던진 선녀
승천을 마다한 채 임의 가슴에 묻었던
절절한 사랑, 그 순정

오늘은 처마 끝에 조용히 잠들었구나.

하 많은 세월
홀로 돌다리 걷는 넋이여
아름다운 강선루에 춤추는 넋이여

노점상 할머니

눈이 내립니다.
차디 찬 밥사발 위에도
노점에 태워버린
당신의 세월에도 하얀 눈이 내립니다

백발 꼬부라진 허리
합죽볼, 꺼진 눈
수수깡 같은 마른 육신으로
죄지은 자식 나오게 해 달라고
좌대 앞에 밥 한 그릇 놓고
모든 것이 당신의 죄인 양 빌고 있습니다.

평생을 주던 사랑
저렇게 살을 깎아 주고도 모자라
눈 내리는 노점에서
식은 밥 한 그릇마저 그냥 먹지 못하는
넓고 깊은 사랑의 바다
우리들의 어머니....

노점에 앉아 있는
할머니의 무릎 위에 눈이 쌓이고 있다.
행복과 소원도 저렇게 쌓였으면.....

엄마의 미소

온 세상에 솜이 내려요
웃으며 내리는 눈송이
포근한 엄마의 미소 같아요

까까머리엔
하얀 모자 씌워주고
나뭇가지엔 꽃을 피우네요.

산에 들에 깔아 논
하얀 솜이불
엄마의 따뜻한 가슴 같아요.

4 부
창가에 앉으면

천상에 가자

파란 풀잎!
청초한 그 모습으로
천상에 가자
시들면 안 된다.

여린 속잎
유월 햇살에 타버렸다.
속살은 어찌 되거늘
그래도 웃는구나, 웃는구나.

차라리 울어라
사랑이 아프면 울어라
서러우면, 그리우면 울고
미움도 있으면 울어라

시들지 않은 풀잎으로
타지 않는 속살로
아픔도 서러움도 미움도 없는
천상에 가자

불가사리

오랏줄로 꽁꽁 묶어
피멍이 들도록 두들겨 패고.
구역질이 날 때까지 질근질근 씹고 싶다.

잿물 듬뿍 붓고
가마솥에 펄 펄 끓일거다
아직도 분열하는 포자

가슴 벽을 찢고 뜯어낸다.
온몸을 휘감는 뿌리
싹둑 잘라 장작불에 태워
또랑물에 흘려보낼거다.

떼어내도 남아 있는
너를…….

창가에 앉아서

햇살 도란대는 창가에 앉으면
마음은 봄바람
파릇한 잔디밭을 걷고 있다.

얼었던 가슴 커피 향에 녹으면
창밖은 봄빛
아지랑이 들 끝에서 손짓하고.

잠자던 철쭉 바스스
잔디밭에 참새 두 마리
노래하는 하얀 발자국……

마음은 들 끝에 춤추는 갈대
그대 가슴에 속삭이는
은갈색 머플러

파선

화려했던 날들은 밀랍이 된 채
푸르던 잎 새
황갈색 병들어 떠난 지 오래!

부서진 배 조각 붙들고
몸부림칠 때
가을도 가고…….

못다 피운 장미 한 송이
설한 속에
파르르 떨고 있다.

산수유

햇살이 곱구나
정원으로 나오렴
꽃샘추위가 매섭다
재킷 하나 걸치고

노란 수건 쓰고
자리에서 일어나라
아직은 수줍은 봄이란다
입 꼭 다물고

봄빛 내린 뜨락에 나와
크게 웃어 주렴
하얀 마음, 노란 향기로……

눈물

분칠로 감추고
태연 하려던 그 얼굴엔
검은 눈물이 흐르는구나.

고독이 울고
그리움이 울고
덜 아문 애상도 울고

천사 같은 그 얼굴에
미움이 있고 분노가 있고
애증도 남아 있구나.

풀 향기 같은 세월을
돌아보고 싶은
무릎 위에 잠든 여인

연가

지워도 남아 있는
슬픈 너의 노래
빨간 단풍잎에 담아 둘란다.
잎새마다
그 노래 곱게 물 들면
나의 시가 잠든 책갈피에
끼워 두었다가
아지랑이 피는
그날이 다시 오면
그때
슬프지 않은 연초록 새움으로
곱게 튀울란다.

여심

하얀 파도 밀려오는 바닷가
푸른 집
그리움 베고 누워
여인은 잠이 들었습니다.

그 속에
여인은 꽃 마음
예쁜 모란꽃 되어
아름다운 꿈을 꿉니다.

외로움이 밀려오면
잔디밭을 걸으며,
찻잔에 녹아 있는 만상을 그리며
너울대는 나비를 잡아두고
창밖에 찾아온
봄 햇살도 그리움도 잡아 둡니다.

유리벽에 쓴 편지

피접한 가슴 벽에
청잣빛 파란 하늘을
칠해두고
싱그러운 오월 햇살을 퍼붓노라

파르르 떠는 입술에 감춘 그 모습
그리움의 색깔인가!
흐느끼는 불꽃인가!
그저 바라만 볼 수밖에 없는.....

눈가에 흐르는
태우지 못한 정념도
살을 찢는 이야기도
가슴속 슬픈 노래도
끝내
유리벽에 두고…….

여체

화사하고 따스한 햇살 속에 아름다운 은여울이 흐른다.
산 위에서 강 끝까지

청포물이 뚝뚝
치렁한 검은 머리
젖은 듯 눈망울에 꼭 다문 입술
호수처럼 잔잔하고
은은한 달빛 얼굴이여

구릿빛 뽀얀 살결에
물 흐르듯 부드러운 가슴 선
터질 듯 두 봉우리
끊어질라 개미허리
곡선과 직선과 호선이 창조한
좌르르 흘러내리는 고운 물결

굽이굽이 생명 혈 살짝 지나
아늑한 기슭
신비 간직한 숲 속
영원이 마르지 않는
은밀한 생명의 샘,

오묘한 향기가 모랑 거린다.

울타리 안에 분출하는
감로수
열정과 쾌락을 밀봉해 놓은
원초적 묘락
생의 비밀 앞에
마중물 되어 흐르는
환상의 물길
접근금지 구역
노를 던져라

아침 이슬 촉촉한 산하
은빛 햇살 보듬은
물고기

피리소리

해 저문 날 밤
침묵 앞에 앉았다
소주잔 두고 빈자리와 독백

고뇌를 썰다 밀려온,
창백한 아침
밤새 취한 고독이 비틀거린다.

커튼을 걷고 싶지 않다
창문을 열고 싶지 않다
숨소리도 잠재우고 싶다

가슴 파고드는
피리소리

샘

안개방울만큼 작은 파문마저도
꼭 안고 싶은
잔잔한 가슴으로 다가가리.

셀 수 없는 너
퍼 올려
가슴에 담으리라
한 방울도 흘리지 않고

얼마나 많은 양으로 거기 있을까
얼만큼 깊고 넓고
고운,
그리고 찬란한 색깔일까

아는 것
철분과 미네랄 등 영양소와
수소와 산소의 화학적 결합체란 것과
천의 얼굴이라는 것뿐,

두레박을
당기리라
너를 알 때까지

우리속의 여인

풋풋한 해海 바람이었다.
힘들고 외로우면
언 가슴 안아 주던
밝고 당찬 여인…….

거칠어진 구리 빛 살결
지쳐버린 모습
닭장 속에 고뇌를 뿌리며
옷섶에 눈물을 적시고 있다.

뱃길 막아 선 얼음바다
다가갈 수 없구나.
눈물을 닦아 줄 수도 없구나.

수많은 사연들이 녹아 있는
감나무아래 말문을 닫고
마주 앉아 마셨던
침묵, 쓰디쓴 커피 맛

두 심장 썩어
가슴에 찬 찌꺼기 일거다
말라버린 눈물의 색깔…..

피아노 소리

비에 젖은 노란 은행잎을 밟았을 때
비로소 네가 떠났던 그날임을 알았다.
마지막 술잔을 나눴던
광화문 뒷골목
허름한 그 주막을 찾아
홀로 앉아 미치도록 마셨다

소주잔에 절여 뒤척이던 새벽녘
내 영혼까지 묶어 버렸던
오열하는 너의 노래도
온몸으로 절규하며 치던
피아노 선율도 없고,
바닷가 모래밭에 누워 듣던,
메조소프라노 그 노래도 없고
내 가슴에 안겨 애절하게 울던 너도 없구나.

지금은 추억 속의 흔적일 뿐
외로움과 고독뿐인
이 밤
귀뚜라미라도 울었으면,

2000년 10월

정방폭포

마그마가 열어 놓은 길 휘돌아 온 물방울
여기 세상 끝이려니
꽃잎처럼 구름처럼
무지개다리 건너 딴 세상으로
울며 몸을 던진다

상처 난 이빨 포드득 갈며 맞아주는
하늘과 땅을 잇는 저 소리
삼다의 아름다운 이야기 추억으로 안고
폭포 되어 조용히 잠들어야 하는 물방울

울다 남은 물 가루
작별인사 인양
얼어 얼얼한 볼에 입맞춤한다
끝내는 추락하는 것들

주상 절리대
- 제주도에서

누가 저렇게 만들어 놓았을까
사각 주상절리대
아름다운 절경 땅덩어리
행여 갈아 앉을세라
파도에 부서질세라
받쳐 들고 서 있는 절리대
탄생의 비밀은
깊고 푸른 바다에 감추고 내민
검게 탄 사각 돌기둥들
높고 낮고 크고 작음이 다를 뿐
형틀로 찍어 낸 듯한 모습들
긴 세월 바다에 뿌리내리고
거센 바람과 파도와 싸우면서
경비병처럼 의연히 서 있는 돌기둥
얼만큼 긴 세월을 그렇게 서 있었을까
풀리지 않는 탄생의 비밀 안고
표정 하나 변함없는 전사
주상 절리대

억새꽃 2

청잣빛 하늘이 쏟아지는 가을 산에
날 불러다 놓고
가슴에 은빛 파문을 던지는
너는
정령 카멜레온

아침햇살에 피어나는
은억새, 은빛바다이다가
저녁노을에 흠뻑 젖은
금빛바다, 출렁이는 금억새!
달빛 불러 노래하는
하얀 솜억새이려니.

반 가슴에 수놓은 억새꽃
휘파람 휘파람소리
머플러가 춤을 춘다.
내 마음도 춤을 춘다.

선암사

나무숲 터널 따라 선암사 가는, 걸어 오리길
길가 개울엔 보석처럼 맑은 물이 흐르고
선녀들 멱감던 승선교 아래 용소엔
강선루만 내려와 세월의 이끼를 씻고 있다.

일주문 앞에 힘들게 버티고 서 있는
가지도 오장육부도 없는 뼈만 남은
천년 고목, 해탈하고 신으로 돌아왔구나
기나긴 세월 눕지도 앉지도 않고 서서
절간의 수많은 전설들 오롯이 기억하며
맨 몸은 민망했던가 갈색 이끼 살짝 입고

조계산 품에 안긴 태고종 총본산 선암사
웅장한 대웅전 앞에 서서 사방을 둘러본다.
천사백 년의 옛 모습을 그대로 간직한
아도화상 도선국사의 혼이 숨 쉬는 이곳
한때는 독재자의 정권욕에 시련을 겪었고
종단마저 존폐위기였지만 기어이 살아 남은
역사적 문화적 가치와 한국 제일의 고찰 선암사
그 규모에 놀라고 고풍스러움에 놀라고
부드러움과 자연스러움과 아름다움에 놀랐다.

공양 올리는 염불소리 들으며 합장하고 정심하는 중
순 자연산 녹차향까지 다가와 마음을 편안하게 한다.
돌아온 600백 살 영산홍과 수인사하고
감로수가 따로 있다더냐
돌구시에 흐르는 물로 갈증을 풀고
장군봉 넘어 장밭골 억새우는 소리 들으며 절을 나온다.

5 부
산아 물아

남해바다

잔잔한 달빛 위에 시인이 앉아있다.
그 옆에 여인이 춤추고
화가는 쭈그리고 앉아있다.
서예가는 큰 붓 들고 웃는다.
거울위에 앉아
술판을 벌리고
섬들이 동양화를 그려내고
시를 쓰고 춤을 춘다.
백지위에 떠 논다.
잔잔한 남해바다.

개펄에 묻어 둔 편지
- 갈댓잎 편지

검게 타버린 개펄을 걷고 있습니다.
해일이 휩쓸고 간 허허한 뼛조각뿐
그리움만 남아 질척이고 있습니다.

잠든 흔적들을 꺼내려다
빠져버린 두 발
구두 한 짝이 어디론가 가고
차디 찬 맨발입니다.

아가 게랑 뒹굴던 순박한 웃음도
검은 뻘 칠해주며
노을 물든 볼, 그 숨결도
지금은 신기루를 걷는 허공입니다.

그림자 밟으며 걸었던 검은 개펄
모래톱 갈대숲은 있어도
그대 그림자도 발자국도 없고
노을빛도 진흙도 내 얼굴만 발랐습니다.

불러도 대답 없는 허허한 개펄에
한 줄 발자국만 남기며

그립고 보고싶었노라고
쓸쓸히 걷다가 가노라고
갈댓잎 편지 한 장 묻어 둡니다.

여차울

마니산자락 바닷가에 꿈꾸는 파란 오두막
  앞뜰에 뒤뜰에 흐드러진 들꽃향기, 논두렁엔 백학이 졸고 있다.
  하늘과 바다엔 노을이 내려와 금빛으로 타누나.

임 그리다 한 밤 지샌
파란 오두막엔
여인
초록 시를 쓰고,

시로의 오솔길에 서성이는
언어의 새끼들
모두 적으리라
님 가슴에 적으리라

노을이 좋아 머물다 갈
빈 집
고독의 창가에 드리운,
그림자 하나!

설악산

1.
아름다운 몸새는 어쩌려고
엉덩이에 군불지피고
구름 위에 누워 있느냐?
울산바위 안개꽃 피고 지고
오색약수 권금성은
마실이라도 갔다더냐.
하늘까지 안개구름뿐

2.
하룻밤을 볼모로 잡아둔
자연의 섭리가 노여움을 풀었구나.
아침 해 다가와
봉우리마다 **빨간 꽃밭**으로 만들더니
구름 속에 숨은 뜻은
정녕 설악의 정취에 반해
일출마저 늦음이려니

전등사에서

꽃샘바람이 볼을 스친다.
바위틈엔 봄이 바스락 거린다
남겨진 겨울 조각들
가랑잎 속에서 소곤소곤

노승의 염불소리가 절간에 울려 퍼진다.
돌 구시에 동전 한 닢 보시하고
인경소리 일렁이는 감로수 한 모금,
오장육부에 찬불가 소리

남루한 도승이 된 천년 고목
가랑잎이 되고 바람이 되어
마음 비우고
세상을 밝고 넓게 보란다
포옹하는 연인들의 마음을 읽은
붉은 머리 새 한 쌍
뽀르릉

휘이휘이 섬진강 1

산굽이 세월굽이 휘돌아 흐르는 굽이마다
자연이 살아 숨 쉬는
속살까지 그렇게도 맑고 고운
비단결 같은 섬진강

계곡마다 인산인해
뗏자국 흘러 청파래 나풀나풀
은어 안 오면 어찌하고
흐름 멈추면 어찌할거나.

강물은 와글와글 게거품
강바닥이 통곡을 하는구나.
이 아픔 아는지 모르는지
물 위에 먹이 찾는 백로 한 쌍

북적이던 주막집도 풍류도 없고
장돌뱅이도 없는 화개나루
나룻배만 하늘을 보고 있어
나그네 마음 더 고단하다.

휘이휘이 섬진강 2

진안 땅 신암마을 팔공산 계곡 두메산골에서 태어나
먼 길 휘이휘이
고단한 시집살이 장도 오른 새아씨
넓은 들 정읍고을 둘러 바깥세상 훔쳐보고.
산 좋고 물 맑은 임실골 돌고 도는 길
살 속까지 파고드는 뜨거운 7월 햇살에
백옥살 탈까 봐 산그늘에 숨었다가
순창 땅 맑고 고운 숲 속 향기 따라 걷는 길
고추장 얼얼한 보리밥 한 사발에 배를 채우고
예의 바르고 맘씨 고운 춘향이 남원땅 지나
곡성 땅 고운 산세, 넉넉한 인심에 묻혔다가
구주궁궐 깊고 고운 물 구례 땅에 머리를 푼다.
수만 생물 안식처
지리산 자락마다 골짜기마다 입맞춤하고
온 갖 길짐승, 날짐승 울음에 취해 유유자적이라
꽃구름 단장한 백두대간 끝자락 백운산 먼발치에
눈구경만 하고, 전라도 땅 경상도 땅 오가며
마실 삼아 노닐다가 오염된 강바닥에 앉아 가슴앓이,
병들고 지친 고단한 육신 산수유 향 녹아 흐르는
맑고 고은 보성강 청빛 옥수 떠다가 목욕재계
정한 몸 곱게 단장하고, 은모래길 금모래길

색동저고리 옥색 치마에 오랜만에 신명 나는 새아씨
한사코 동행한 내 낭군 품에 안겨 사랑의 여행길
먼 천년고찰 화엄사 염불소리 귀에 담아 마음을 닦아둔다.
품바 구성지던 화개장터 당도하여
은어 회 재첩국에 동정춘색* 한 사발에
칠 백리 길 쌓인 여독 풀어보지만 오염병 아픔은 달랠 길 없네.
아쉬움만 잔뜩 짊어진채 이제는 고별을 해야 할 시간
광양 하동 생활의 터전 합수머리
바닷물 웅성거리는 섬진교 가랑이 붙잡은 채
작별이 아쉬운 새아씨, 돌고 또 돌아보네.
달려온 길 수많은 사연 고달픔은 강 꼬리 모래톱에 내려놓고
섬호정* 바라보며 선비들이 치는 마침종에 눈을 감는다.

주- 동정춘색: 송나라 시인 서식의 시에 나오는 술을 일컫는 말.
    섬 호 정: 섬진교 부근 산에 있는 옛 선비들이 글공부하던 정자.

학에게

하얀 소복 정갈히 차려입고
사색에 잠긴 너의 모습
임 그려 설피 외로운 여인이려니

해마다 그 자리에 있어 온 너는 알리라
그리운 임 보내고
두렁에 앉아 고뇌하는 마음을

고운 심성 너에게도 어떤 미움이 있더냐.
아픈 추억도 있고
그리움도 있고 기다림도 있더냐.

학아
너 고향 갈 때
이 아픔도 안고 가거라.

그 품에 안길 나상이려니

얼마나 안아보고 만져보고, 안겨보고 싶던 품이더냐
대지와 달과 바람과 물과 나무
저리도 장엄한 대 자연의 숨소리를……

밤이슬 흥건한 대지에 안겨
고요한 물 위에 낚싯줄을 드리운 채
반짝이는 달빛에 눈동자를 심노라

절제했던 아픈 순간들이
폭포수처럼 쏟아지고
주체할 수 없는 고뇌와 사연들이
모래섬처럼 가슴에 쌓여온다.

녹슨 마음 파래 낀 심장을 꺼내
저 맑은 물에 씻고
훨훨 타는 모닥불로 기둥을 세워
정한 육신으로 우주까지 올라가 보고 싶다.

지쳐버린 육신
당신에게 포근히 안기려 할 때
오한과 그리움이 갈등한다.

그래도 좋다.
그 품에 안겨야 할 나상이려니

패대기쳐졌던 육신도
수수깡처럼 마른 가슴도
청량한 바람, 맑은 물빛으로 채우고
이 밤
그대 품에 안겨 고요히 잠들고 싶다.

저녁노을

바닷물 속으로
하늘 끝 붙잡고
떨어지는 불덩어리
마지막 용트림
유리창 물들이고

출렁이는 어둠 속에
옆집 소녀
살포시 고개 내밀고
사라지는 물결

산여울

꼭 쥔 소녀의 가슴보다 수줍게
살금살금 흐르는 시리도록 고운 여울에
하늘이 와서 졸고 있다.

물방개가 하늘을 걸을 때,
송사리 구름 따다 집을 짓고
물잠자리는 천상의 사랑을 한다.

파란 하늘에 졸졸 흐르는 물소리
널따란 풀잎 하나 띄우고
내 마음을 허공에 실어 보낸다.

겨울바다

비에 젖은 겨울바다,
바람이 붑니다.
홀로 걷는 모래밭
육신은 식어가고,

안개가 바다를 채웠습니다.
함께 걸었던 그 개펄
다가가도 외로움뿐
당신은 아무 말도 하지 않네요.

가슴 파고드는 지난 그 추억도,
지금 이 흔적도
채석강에 끼워 놓고
외로움은 바람에 띄워 보냅니다.

언젠가 돌아 올 그대 품에
그리움 두고
개펄에 뒹구는
빗물 젖은 노을 한 줌만 안고 떠나옵니다.

주) 채석강: 변산 해수욕장에 있는 바위인데 책을 쌓아 놓은 듯 한 모양이라 해서 붙여진 이름

月岳山, 달빛으로 그리다

따박따박 월악산 올라 사방을 바라본다.
목화솜 풀어놓은 아직 푸른 하늘 아래
어느 마실 찾아 나서려나,
연인처럼 붙잡고 늘어 선 봉우리, 파란 물빛
신선들의 속삭임
춤추는 치맛자락
한 편의 산수화려니
시詩 한 수 덧칠하면 명경지수청풍명월明鏡止水淸風明月이라

밤하늘 달빛 받으면 더 곱다는 월악산
지금 이대로도 표현할 말을 몰라 아쉽구나
수 억겁 버텨온 기암괴석
신이 되어, 백골 긴 허리 마디마디 괴고 붙들어
中峯 下峯으로 이어 놓은 심장들이
뛰는, 너의 아름다운 한 삶 그 탄생의 비밀 앞에
삼천갑자 동방 석은 몇 천 갑자 묻고 또 물었을까!

월악일봉에 올라서니 아랫 세상은 다 잊어지고 마는구나
수 십 길 수직 암벽, 아찔한 하늘계단
천국과 지옥을 오가는 오금 저린 생의 한 판이라
달빛으로 단장하고 맑은 호수에서 춤추며 노니는

마고의 요령 같은 영봉신내림
너의 모습 정작 보지 못하고 떠나 아쉽구나.

호수에 발을 묻은 국내 삼대악산 중 하나인 월악산,
큰 가슴으로 귀를 막고 입을 닫고 그저 마음만 열어줌이라
가파른 오르막길, 천 길 나락 아찔한 암릉 길
다리는 후들후들, 숨이 막히도록 가슴을 죄든 험준한 산
그 힘들었던 등정길
속살까지 내어 준 신비함으로 아름다움으로 보상받고
내려가는 길은 수월하다.
오를 땐 보지도 느끼지도 못했던 것들
나를 잡아두고 싶은 것들
온갖 만상들이 속닥속닥 다가오는구나.
풋풋한 햇살이 내리고, 연초록 향기가 가득한 월악산
산새들은 사랑노래려니 지저귀고
까마귀 우짖는 소리마저도 노래가 되는 숲 속
쉼터에 큰 대자로 누워 하늘을 보니
늦둥이 철쭉꽃이 웃으며 반겨주누나

아름다운 영산 월악산과 대화록을 나의 추억 책에 담는다.

정동진

하늘과 맞닿은 저 에메랄드 빛 넓고 푸른 동해바다
눈길마저도 가다가 멈추고 마는구나.
어디가 끝이려나
하도 맑아 시리고 푸르다가 정작 속살은 검구나.

모래밭에 파도가루가 날아다닌다.
내 마음도 날아간다.
타는 여름 한나절, 백사장이 지쳐 눕고
헐떡이며 달려오던 철마도 숨을 멈춘다.

해초냄새 바닷바람, 아름다운 정취에
취한 얼굴들
갈매기 따라 수평선을 날다가
물 위에 풍덩 뛰어내린다.

사랑과 가족 사이에서 몸부림치던
모래시계 속 혜린의 애상에 가슴 아파하며
기차 길 옆 호젓이 서 있는
성년이 된 소나무 한 그루
이별의 아픔을 기억하며
손 흔들며 잘 가라고 작별을 고한다.

가차길은 모래 위에 누워 아무 말이 없고
해당화도 지쳐 목을 늘어뜨리고
만남과 이별과 사랑의 아픔을 간직한
정동진역
눈을 지그시 감고 오수에 졸고 있다.

2000년 7월 15일

낚시터에서

낚싯대를 던지노라
넓고 푸른 당신 가슴에
아픔과 그리움과 긴장과 초조,
조금 전의 일상까지 묶어.......

고기를 낚고 여가를 즐기려는 것만이 아니다.
고달프고 힘들고 외로움을 힐링하고
찌들고 땟물 든 가슴도 씻어내어
자연의 향기를 꼭꼭 칠해두는 것이다.

불치병처럼 싸인 삶의 찌꺼기 모두를
부표에 담아 흘려보내고
무공해 숨 쉬는 당신 품에 안겨
청량한 자연을 마시며 쉬어가는 것이다.

입김처럼 다가 온 시린 바람
갈대숲 비비새노래
새벽을 여는 파도소리
가슴 씻어주는 달콤하고 청량함이여

이 밤 달빛 색칠한 갈대의 속삭임도
입가에 머물러둔
당신께 못다 한 이야기도
반딧불이 불빛에 다 적어 두련다.

숨결
- 추사생가에서

세월을 보듬은 채 말 없는 가을날 툇마루
귀뚜라미 소리 들린다.
임의 숨결이 들린다.
추사체의 산실
묵향이 흐르는,
목판 위에 일필휘지 서체들
굽이치는 물결인가
하늘을 나는 학의 춤사위인가.
휘돌아 오르더니 내려오고
걷다가 날아가는가 했더니 멈추어 선,
획마다 점마다 글자마다
임의 혼. 살아 숨을 쉽니다.
길고 긴 귀양살이 8년
외로움과 아픔과 인고의
그 세월들이 녹아 승화한
생동하는 독창적 아름다운 서체
억겁을 흘러도
그 신비로움 지워지지 않으리라

향수의 그 고향
- 지용제에서

그 고향은 그때도 지금도 거기 있다
넓은 벌은 시인의 가슴속에 있었고
맑은 물 휘돌아 흐르던 실개천
그 모습은 흔적 없이 변한 듯 했지만
지금도 땅속을 흐르며
옛이야기를 지줄 대고 있었다.

얼룩빼기 황소가 밭갈이하던 넓은 벌엔
건물이 들어섰을 뿐
황금빛 노을은 예처럼 내리고
그 노을빛 속엔
망국의 설움과 아픔과 눈물과
시작에 몰입되어 육신을 태우던
고뇌와 열정의 노래가 들리지 않던가.

말장난하는 사람들이여
작품의 본질을 훼손하지 말고
배경도 변질시키지 마라
시어도 방언도 바꾸지 말고
나라 잃은 서러움을 노래했건
가슴속 한과 아픔을 토해냈건

어느 것 하나라도
임이 남긴 시심 그대로 노래하자

꿈엔들 잊힐 리야
그 고향 님의 그 마음의 노래를

6부
철마의 노래

만월화

한 알 한 알 정성껏 빚은 송편이 채반 위에 놓인다.
보름달이 만삭으로 오는 전날 밤
밤늦도록 달빛 담아 빚은 송편마다
사랑과 정성과 훈훈한 이야기들이 담겨 있다.

하얀 송편!
그냥 섣불리 태어난 것이 아니다.
끓는 김으로 목욕재계沐浴齋戒 하고
정갈히 살아온 세월을 품은
당신의 오롯한 영혼으로 와 있다.

하얀 치마저고리 속에
젖가슴처럼 부푼 살점들
여인의 고운 마음이 듯
정성으로 빚어낸 송편을
어찌 입에 넣고 깨물 수 있으리오

달콤하고 고소한 깨와 계피고물과
사랑을 주고받으며
조신하게 앉아 송편 빚는 당신은
보름달 아래 활짝 핀, 향 그윽한 滿月花이려니

매화향기 모래톱에

귀양살이 선비의 분신인양 서 있던
툇마루 옆 매화나무
분노도 고뇌도 제 살로 태웠던
각고의 세월을
고고한 영혼으로 담아 피운 홍매 백매

이 집 저 집 터 잡아
섬진강 따라 세월 따라
산에 들에 수 십리 길
흐드러진 향기 매화꽃 마을마다 꽃세상

다압 땅 뒤덮고 진상 옥곡 수놓은,
홍매 백매 매화나무
백여만 그루, 일렁이는 꽃 바다
어젯밤에도 그제 밤에도
은 달빛 머금고 꽃망울 톡톡 틔우더니
돌담에 장독에 온 누리에
꽃비가 내리네, 눈꽃이 내리네.

산과 들에 붉은 꽃잎, 강둑에 하얀 꽃잎
정녕 선녀가 수놓은 요람이려니

어떤 놈은 강물에 뛰어들어
칠 백 리 길 지친 강물 안고 뒹굴며, 회포를 풀어주고
어떤 놈은 모래톱에 가부장 틀고 향기를 뿌리다가
은어란 놈이 뿜어낸 수박 향에 취해 잠이 들었네.

다압면 도사리 매화마을에 청매실농원에
매실 향 그윽한 항아리마다 술이 익는다.
세 살배기 다섯 살 배기 열 살 배기에
꼬부라진 환갑 쟁이 모여 오순도순
새콤달콤 뿜는 술 읽는 소리!
서걱대는 대나무 숲 휘파람소리에
익은 매화 향이 사르르 잠들면 세월도 잠이 든다.

강물이 되고 싶다

한 방울 한 방울 강물은 쉬지 않고 흐른다
행복과 불행, 사랑과 미움, 외로움과 고뇌
저주하고 미워하며 다투고 슬퍼하는 것까지
세상 안고 강물은 어제도 오늘도 그저 흐른다.

바라보면 볼수록 무한한 꿈과 희망을 주는
어머니의 가슴 같은 포근함으로
눈이 오고 비가 오고 세월이 가도
오직 순리에 따라 한 길로만 흐를 뿐
강물은 거스를 줄 모른다.

어지러운 세상, 고단한 나날
옥죄어 오는 만상 다 잊은 채
의연한 모습, 무한한 지혜로 가슴 열고
슬프지 않고 외로움도 화냄도 없이
넉넉한 가슴 열고 유유히 흐르는
항상 푸르고 넓고 깊은 그런 강물이 되고 싶다.

묵향이 흐르는 방

춤추는 학인가 했더니
하얀 강바닥을 玉水처럼 흐르고
얌전한 아낙인가 했더니
맹금猛禽의 눈매처럼 날카로운 일필휘지一筆揮之!

하얀 화선지畵扇紙 위에
타는 혼 불
새 천지를 만들어 내는
붓을 든 여인, 손결도 고아라

묵향 가득한 방
침묵이 흐르고
한 자 한 자 써 내려가는 여인의 마음
라일락 향기처럼 부드럽고 연꽃처럼 희고 곱구나.

황사 내리다

그대는 정녕 맑고 영롱한 아침 이슬이었다.
여명의 빛 덧 씌우고
구름 안고 바람 안고
찬란한 상제리제 같은 화려함으로
대지에 안착하지 않았던가!

야망 가득한 훗날을 향하여
맑고 고운 눈으로 지배하던
아름다운 그 꿈은 어디로 보내고
황사 내리는 메마른 광야에
말문을 닫고 망부석 되어 서 있는가!

존재는 무엇이며 무엇을 해야 하고
무엇을 위하여 사는가 고뇌만 할 뿐
정작 부정하고픈 현실을 피하지 못해
황망한 벌판을 헤매는 나약한 방랑자

가려는 곳마다 아슬 한 낭떠러지
생각마다 암울한 절벽
잡은 가지도 부러지고 있다
춥고 어둡다
그래도 가야 할 황사 내리는 이 길.....

非武裝地帶 1

저토록 푸르고 아름다운 세상인데
저토록 조용하고 평화로운 땅인데
어찌 그대 가슴에 버리지 못한
아픈 歷史와 슬픈 事緣을 안고 있는가!
지난날을 잠시 망각하면
녹슨 철조망이 가는 길을 막고 서 있을 뿐
숲과 아름다운 꽃들과
새들 노래하고 짐승들이 한가로이 뛰어놀고
파충류爬蟲類들의 天國에, 하늘이 파랗게 열려 있는
저렇듯 고요하고 아름다운 地上樂園, 비무장지대
이데올로기가 어디에 있는가.
색깔이 어디에 있는가.
다만 평화로움뿐이다.
그러나 닫혀진 가슴을 열면 그 속엔,
칠천만의 통일을 염원하는 간절함이 있고
이산의 한과 그리움이 있고 슬픔이 있다.
또한 거북스러운 외세의 눈초리가 있다.
조국 분단의 서러움이 켜켜이 쌓인 비무장지대
분단 60년의 아픈 세월이, 38선 따라 서 있는
철조망 매듭마다 지난 세월이 매달려 울고 있다.
전쟁의 의미조차 모른 채 피를 흘리며 죽어간

同族相殘의 아픔과 비극으로 울부짖는
터널의 길이 이토록 멀고 험 할 줄이야
戰友가 피를 흘리며 죽어갔고,
부모 형제가, 불귀不歸의 원혼冤魂이 아직도 떠도는
평화롭게만 보이는 이 곳 비무장지대
우리 사람들만의 이산이 아니구나.
짐승들도 철조망을 사이에 두고
바라보며 서 있어야 하는 아픔이 있고,
나뭇가지에도, 풀포기 하나에도
기다림과 그리움, 아픔과 아쉬움이
녹슨 채 슬프게 맺혀 있다
비무장지대!
철책선을, 이념을 털어내고 보면
저리도 아름답고 평화로운 우리의 땅
언젠가 다가 올 평화로운 세월을 기다려야 하는,

철마의 노래

7천만 민족의 가슴마다 요동치며 굴러가는
철마의 장엄한 저 소리!
그 긴긴 날을
녹슬어 누워있던 철마
노래하며 울며 달렸다.
얼마나 가슴 조이며 기다렸던가!
겨레가 울고 강산도 울었다.
이념이 묶어 놓은
분단의 끈 풀지 못해
철책너머 정든 땅 바라보며
눈물로 보낸 반백년
가슴 찢어지도록 가고 싶어도
바라만 보았던 얼어붙은
북녘 땅 그리운 우리들의 고향
그렇게도 가기 힘들었던 그 길
반백년 막혔던 철책을 뜯어 제치고
철마는 기어코 달리고 말았다.
평화와 통일의 염원을 싣고
북을 향하여, 남을 향하여
철마는 거침없이 달렸다.
아! 철마여 겨레의 염원이여

꿈과 희망을 안고 달리는
너의 모습이 자랑스럽구나.
겨레여 강산이여
가슴속 미움도 원망도 닦아내고
가슴속 슬프고 아픈 상처도 닦아내고
가슴속 고인 눈물도 다 닦아내고
이제 우리
그 자리 아름다운 통일의 꽃을 심자

법흥사

마치 아득한 태초의 숨결이 들린 듯하다.
울창한 숲 우거진 산속의 산,
청량산 품에 천 년의 소리 고이 안은
절간은 안개비에 젖고 있다.
나직이 흐르는 노승의 염불소리에
나무뿌리 사이로 흐르는 물소리도
다래나무와 두릅과 온갖 풀 향기까지도
다가와 포근하고 안온하다.
옛것과 오늘이 공존하는 이곳
찬란한 불교문화 유적과 비경에 놀라
통통 뛰는 내 심장 소리에
잠에서 깨어났더냐!
운무에 숨었던 연화봉 삼 형제
얼굴 내밀어 환하게 웃는다.
절간은 개수 불사로 어수선 하지만
천년 고찰의 신비로움이 흐르는
인자하면서도 카리스마가 넘치는
적멸보궁 자장율사 앞에 서 있노라니
천년의 세월이 그리 멀지 않은 것 같음은
절간에 큰 스님의 포근하고
자비로움이 흐르고 있어서일까

깊고 심오한 뜻을 헤아리지는 못하지만
편안한 마음으로 합장 일 배하고
새소리 바람소리 물소리 들으며
천세千歲의 흔적들을 간직한 소나무 숲길을 걷는다.

만추 4
- 가을의 공허

달궈진 정수리가
아직도 따가움을 느끼고 있는데
귓불 스쳐가는 바람
가을의 소리 사르르

창 너머
너무도 푸르러 빈 하늘
나뭇잎 물드는 초가을
하늘은
더 멀구나.

금빛 출렁이던 들녘은
고독만 남아 있고
검은 논바닥에 누운
플라타나스 잎이 안쓰럽다.

무언가를 잡으려 해도
떠도는 것들 뿐
고독의 호수엔
허접한 바람이.

걷고 싶다
몇 잎 남은 코스모스 꽃길을 지나
사과나무 앙상한 과수원 길을 돌아
나뭇잎 떨어지는 호젓한 오솔길을

오수를 깨우던 매미소리도 없고
어젯밤엔 귀뚜라미소리도 듣지 못했다
멈추지 않고 달려드는
이 가을
서릿발 같은 고독이여

환상의 울림 1
- 소리

선혈을 토해낸다
심신을 포박하고 허공까지 잠재운
숨 쉬는 것은 모두 묶어버린
환상의 소리, 판소리
강을 건너고 산을 오르고 내리며
가슴속 천년의 恨까지 녹여내는 신비여
춘향을 불러다 놓고
해학과 울음과 웃음을
지옥과 천당을 넘나들며
천 길 나락의 순간에서 소생하는
끊어졌다 이어지며
천지를 요동하는 폭풍우 이듯
쉰 소리 잦은 소리 쇳소리에
고음과 저음을 넘나드는,
어느새 달빛처럼 부드러운
가슴 파고드는 영혼의 노래여
무한 공간과 아득한 시공을 넘나들던
한과 흥과 타오르던 열정이 멈추고
무대 위 정지한 호흡을 되살아났을 때
젖은 손바닥은 경련을
이마의 땀방울은 화석이

아 영원으로 가던

소리의 잔영

영롱한 물보라처럼

춤추며, 별빛 젖어 흐르고 있다.

환상의 울림 2
- 몸짓

애설은 선율이 나직이 흐르고
숨을 멈춘 무대가 서서히 다가온다.
하얀 도포, 깊숙한 고깔
그 속에 타는 몸짓,
목련꽃 같은 순백의 지순함으로
그리움과 슬픔과 한과 고뇌를 안은
육신이 몸부림치며 불타고 있다.
세상 넘어 흐르는 물결이
터질 듯 이슬방울을 밟으며 걷고 있다.
천년을 잠들다 환생한 학의 날갯짓이여
울부짖는 손끝에 하얀 손수건
눈을 뜬 채 잠을 재우고
망막 뒤에 숨은 세상이 몸부림치다가
한 송이 꽃이 되어 향기를 뿌린다.
가는 나뭇가지에 흐느끼는 바람
물 흐르듯 폭풍우 몰아치듯 절제와 역동
새로운 창조를 위한 몸부림이요
나부끼는 백색 영혼의 노래로
고요의 세상을 유영하던 천년 학
하얀 날개를 미처 접지 못한 채 가쁜 숨을 쉬고 있다.

소악후월을 그린다

궁산에 올라 잔잔히 흐르는 한강을 바라본다.
겸재 정선의 진경산수화 "소악후월" 속
맑은 물 흐르고 푸른 산과
은은한 달빛 아름답던 모습은 찾을 수 없고
뿌연 하늘 탁한 공기에 빌딩과 아파트 숲뿐
하늘공원 억새 우는 소리 있어
그나마 위안이 되는구려.
낭만이 흐르고 황포 돛 단 배 오고 가던
맑고 푸른 아름다운 강 오염으로 잿빛
괴물처럼 엎드린 다리들, 모두가
조용히 있고픈 너의 마음 아프겠구나.
정선 소와 사천 최헌 등 시인 묵객들
푸른 물 흐르는 강가 소악루에 앉아
꽃향기 그윽한 월하에 술잔 나누며
시화상간詩畵上間하던 모습도
먹물향기도 없고
올림픽로에 달리는 자동차 소음도 귀찮은 듯
소악루는 측은한 모습으로 바라보고 있다.

흑룡만리

가는 길, 구불구불 검은 돌담 흑룡만리
오르고 내리고 휘어지는 저 용트림
사랑 싣고 애환실은 길
어디서 와서 어디로 가는거냐
얼마를 더 걸어가는 기다림인가
끝간길 보이지 않네.
흑룡만리길
바람 따라 흘러 갈거나
하늘 향해 홀연히 승천할거냐

외롭던 더벅머리 총각 애원(哀怨)에
유채꽃 향 내음 흠뻑 젖은
담벼락 안 비바리 생긋!!
눈 맞은 오라방 비바리
사랑밭에 덩더꿍
오순도순 맞잡은 손 흑룡만리길
그리하여
수 억 겁 써 내려가는 사랑의 전설이라

먼 길 먼지 묻은 흑룡만리길!
발이라도 씻으려 했더니
넘실대던 백록담은 바닥이 마르고
배설한 세정수(洗淨水) 정방폭포 되었다더라.

그 곳에 가면

여보게, 친구
그곳에 가면 그냥 좋다네!
푸른 숲, 시원한 바닷바람과
찔레꽃 밤꽃향기 풀벌레소리에
온갖 곡식 풍성한 논밭이 있고
바다에 숭어 떼, 하늘엔 새들이
막걸리 한 사발에 흙냄새가 좋고
노을빛에 물드는 파란 오두막엔
꿈꾸는, 그 여인이 있어서라네.

여보게, 친구
그곳에 가면 그냥 좋다네!
풀 향기처럼 풋풋한
청바지 차림에 소박한 여인
옳고 그름이 확실함은
그녀의 자화상.
잡초이듯 새순이듯 부드러움으로
긍정적이고 포용력 있는 심성에
다정한, 그 여인이 있어서라네.

여보게, 친구
그곳에 가면 그냥 좋다네!
수려한 얼굴에 도회적 여인,
우수에 찬 눈빛에 그리움이
당찬듯한 목소리엔 정이 있고
에그아트에 혼과 열정을 퍼붓다가
타는 태양빛에 밀짚모자 덮어쓰고
흙먼지 일복 입고 김매는 아낙.
고단함도 땀 냄새도 향기인양
웃는, 그 여인이 있어서라네.

이작도에서

돌아보면 망망대해, 파도와 바람뿐인 섬 이작도에서
적막한 해변을 걷고 있습니다.
지금은 먼 고도, 그대와 이야기를 할 수 없어
그리운 마음 담은 편지를 써 보내렵니다.
당신 마음이듯 다가오는 싱그러운 바다 냄새와
달콤한 섬 향기와 보석처럼 내리는 가을햇살과
이름 모를 들꽃들의 향기도 담아 보내고
바닷돌 우는 천년의 노래와 조개들의 속삭임과
모래톱에 부서지는 하얀 파도소리도 적어 보내렵니다.

새들이 날고 가을 이야기가 익어가는 언덕배기,
울창한 푸른 소나무 숲을 울타리 삼아
흔적만 남은 섬마을 학교 터엔 잡초 우거져
돌 표석만 머나먼 육지를 바라보며 서 있고
애절한 사랑 두고 기약조차 없이 떠나가는
총각선생님 뱃고동소리에 가슴 아파 울던,
슬픈 섬 처녀의 이별노래도 적어 보내렵니다.

지금은 해지고, 오가는 연락선도 끊이신 지 오래
차가운 별빛만 모래 위에 내리는 더 외로운
모래밭에 앉아 우리들의 이야기를

내 가슴에만 절절한 편지를 써서 둡니다.
이 순간 그대 외롭고 고독함은
어두운 해변을 홀로 걷는 나보다 더 할 거라고
내가 아무것도 할 수 없어 가슴 아프다고 써 둡니다.

지금은 파도마저 떠나 텅 빈 모래밭을 걷습니다.
푸르고 맑고 고은 천혜의 낙원 이작도
먼지 한 점 없는 바람이 달려와 달래줍니다.
이 에메랄드 빛 바다를 넘어 달려온
맑고 싱그러운 바람 편에 내 마음을 보내고 싶습니다.

외로운 섬 이작도, 이 해변에 혼자인 나
인적마저 없어 외롭고 힘들지만
그대 아름다운 모습만을 그리며 편지를 쓴다고.
그대를 만날 수도, 안아줄 수도 없어 미안하다고
그대가 절절히 보고 싶어 힘들고 아프다고
그대가 절절히 그립고 함께 해변을 걷고 싶다고
절절히 써 놓은 편지 한 장 내 가슴속에 넣어 둡니다.

콩을 먹을 줄 모르는 어머니
- 어머니의 사랑

60여 년 전 우리들의 농촌에선
세끼 밥만 먹을 수 있다면 행복했던 시절이었다.
먹을 것이 모자라고 배고픈 시절
간식이라고는 콩을 볶아먹는 것 정도였고
"나는 콩을 먹을 줄 모른다."고 하시면서
어머니는 우리들에게만 콩을 볶아 주시곤 하셨다
왜 콩을 못 먹을까 조금은 궁금했지만
우리 어머니는 콩을 먹지 못한 줄 알았다.
내 두 아들이 꽃게를 유독 좋아했다
큰 놈이 네 살 작은 놈이 두 살 때
"엄마 아빠는 꽃게를 좋아하지 않는다."며
두 놈들에게 게살을 발려주다가
어머님이 하셨던 말씀이 불현듯 생각난다.
망각의 세월 속에 묻혀 있었던 사랑의 의미가
우리가 꽃게를 자식들에게만 먹이듯이
어머니가 콩을 먹을 줄 모른다고 하신 그 말씀은
자식에 대한 진정한 사랑이었음을
40년이 지난 오늘에사 알게 되었고
넓고 깊은 부모님의 내리사랑이었음을 알았다
내가 꽃게를 안 좋아한다고 말했던 뜻을
내 자식이 알게 될 때도 머지않았고

지금의 나와 같은 어리석음으로
언젠가는 우리 자식들이
부모에 대한 불효를 가슴 아프게 될 것이려니
유전적 불효의 이 아픔을 지금은 지울 길이 없구나.

1997년 우장산에서

고향에서 온 가을

엊그제까지도 무더운 날씨가 계속되었고
금년은 가을이 쉽게 올 것 같지 않았다.
그런 가을이 조용히 왔다
그 가을은
예쁜 코스모스가 가져왔다거나
고운 단풍잎이 가져온 것도 아니다
정작 가을은 형제애와 사랑을 듬뿍 담은
고향 들녘의 과일들이 가지고 왔다
고향으로부터 온 가을은
병원치료 때마다 형님이 짊어지고 온
병실 벽장 가방 속에서 기다리고 있었다.
형님은 지병으로 병원을 드나든 지 6년
열 번째 수술을 하려고 상경한 것이다.
성치 못한 몸으로 토실한 밤과 함께
가을을 수북이 짊어지고 온 것이다.
비록 비닐에 싼 봉지 하나로 얼마 되지 않지만
그 속엔 돌아가신 부모님의 인자한 모습과
형제간의 훈훈한 정과 사랑과
고향의 아름다운 추억들이 담겨 있는
소박하고 따뜻한 마음의 가을이었고
나에게 온 금년의 가을은

어느 때보다 의미 있고 값진 가을이 될 것이다.
형님의 이번 수술이 다시는 병원을 찾는 일이
가을의 과일처럼 튼실하고 은혜로워 한 만큼
밝은 모습이길 두 손 모아 간구한다.

멈춰버린 1980년, 그 봄
- 광주는 분노했다

어찌하여 광주의 봄은 어둡고 애절한 눈물뿐인가!
오늘도 5.18 원혼들은 치유 못한 생채기에 울었고
그 눈물 닦아주지 못한 민주성지 광주는 분노했다.
36년이 지난 광주의 슬프고, 공포스럽던 1980년
그날 그 봄 그대로 분노와 눈물에 젖고 젖는구나.
민주화를 부르짖다 산화한 영령들이 잠든 망월동에서
님을 위한 행진곡 한 번 제창하지 못한 미력함으로,
그 고귀한 피로 그 숭고한 희생으로 이룩해 놓은
민주화의 땅 광주에서 울지 않으려 해도 눈물이 난다.
반란군 전두환과 하수인 폭군, 폭도들이
교통·통신을 단절하여 암흑세계를 만들고
민주화혁명군 시민을 폭도로 덮어씌우고
중무장하여 광주 전역을 겹겹이 포위한채
투입한 무장한 특정의 폭도들은
아편과 술에 취한 듯 이리떼처럼 광란하며,
광주를 무자비하게 짓밟았고
무고한 시민과 남녀노소, 학생 어린애까지
탱크와 총칼에 도륙되고 난도질당했던
그 불행한 희생자들의 아픈 상처 앞에
불쌍하고, 미안해서, 슬프고 아프고, 억울해서
오늘도 원혼들과 망월동과 광주는 울고 또 울었다.

35년이 지난 지금도 광주는 왜 울어야 하는가?
대통령이 된 독재자 딸 근혜와 패거리들은
무지한 냉혈한이고 무자비한 폭군들이었다.
헌정을 유린하고 민주주의 싹을 자른
독재자 박정희의 1세대가 지옥으로 끌려갔지만
전두환 노태후의 독재정권에서 아부하고 맹종하며
곡학아세曲學阿世했던 정치인과 어용지식인들이
권력과 부귀를 얻어 저들의 지난 과오는 묻어버리고
정계와 학계의 주역이 된 특정지역 특정 세력들이
민주화 세력을 종북좌파라고 생떼를 부리며
무한기득권으로 진실은 은폐되고 왜곡되어
진정한 민주화 성지 광주와 5.18 세력들에게는 눈물뿐
그 눈물 달래주는 노래마저 부르지 못하고 있어 더 아프다.
그뿐인가 친일·빨갱이 박정희를 시대의 영웅으로
공산당 토벌 대장 김대중을 빨갱이라고 하더니
5.18 민주화를 북한군이 일으킨 반란사건이라고 하는
이 모든 것들이 현 정권의 정체성이고 모습이며,
독재자 딸 독재자 박근혜의 얼굴이고 참모습이다.
우리는 멈출 수 없다. 우리는 정의의 눈물을 흘릴 것이다.
미친 자들의 양손에 오라 줄이 동여매지고
회개한 미친 자들이 우리들의 양손을 치켜 올려주는

정의가 승리하는 그날까지 가고 또 갈 것이다.
민주화를 위한 절규 "님을 위한 행진곡"을 제창하는 그날까지

2015년 5월 18일 망월동에서

평설

[평설]

향토적 서정과 정취를 주조로 하는 심미적 시혼의 메시지
- 김병수 시집 『검정 고무신』에 대한 평설

최 병 영 (시인, 문학평론가)

시는 인간정신의 총체적 반영(反映)이다. 이는 순결한 영혼의 결기로 빚는 철학과 사유의 총합이다. 시는 상상력의 자유로움과 진동의 언어로 구현하는 내면의식의 층위(層位)와 의미론적 순환으로 이루어진다. 좋은 시는 문학적 가치가 높고 함축적 언어, 비유와 상징, 철학적 정신, 운율과 이미지(Image), 주제가 선명한 시라 할 수 있다. 시는 상상력으로 빚는 심미적 세계의 영상이다. 자신을 해체하고 재조합하는 창조적 행위의 동기는 시적 상상력에서 기인한다. 문학은 사상과 감정을 상상의 반열에서 표출하는 언어예술이다. 시는 감성과 이상 사이에 존재하고, 현상과 철학 사이에 존재하는 상관물이다. 이는 의미 있는 진통의 결실이기에 시인은 부단히 숙고하고 갈등하고 사유하며 숙명처럼 진통을 극복해간다. 감동적인 전율은 고통과 아픔의 배면(背面)에서 탄생한다. 시인은 통상적인 것에서 개성적인 것을 발견하고 평이함에서 특이함을 발견하며 일상성에서 비범성을 발견해가는 존재이다. 시를 쓰는 일은 끝임 없는 탐구와 질의를 반복하는 일이다. 우리는 한 편의 시를 통하여 극대화된 기쁨과 희열을 만끽하고 슬픔과 아픔을 공유하며 고독과 번민을 경험한다. 시는 영혼의 타내를 풀어 사유와 정서를 직조(織造)하는 경이로운 예술의 창작이다. 시 짓는 일은 본질적 의미와 가치에 천착(穿鑿)하여 삶에 대해 바람직한 방향과 태도를 정립하는 일이다. 문학의 사회적 역할은 진실을 전달하는 데 주요 의미를 둔다. 이에 근거하여 사르트르(Sartre)는 '문학은 바로 인생에 대한 질문'이라고 정의했다. 이는 김병수 시인의 시집 『검정 고무신』에서도 여실히 증명된다.

    김병수 시인은 느낌과 감성에 충실하고 이를 진솔히 구현하여 실증적 언어로 작품을 완성해낸다. 그는 진지한 의식과 심층적 감성으로 시의 양식에 다양한 삶의 양상 및 생에 있어서의 정서와 교감을 다각적으로 형상화하여 시적 미학으로 승화시킨다. 시집 『검정 고무신』은 다양한 소재와 제재를 통하여 삶의 의미와 가치를 조명(照明)하고 이를 효율성 있게 주제로 형상화한다. 김병수 시인은 문학 활동과 개인적 교류를 통하여 오랫동안 평자(評者)와 깊은 교분을 나눠온 문인이다. 그는 도량이 넓고 사고가 합리적이며 성품이 온화하고 포용적인 문인이다. 금번에 그의 역저(力著) 『검정 고무신』의 평설을 맡게 된 것을 기쁘게 여기며 진중히 그의 시세계로 발걸음을 옮긴다.

1. 김병수 시인은 세월의 상념과 애환을 입체적 프리즘으로 시화한다.

    김병수 시인의 문학적 토양은 '고향'을 주조(主潮)로 하고 이의 주된 정서는 향토적 서정과 '그리움' 및 '회억(回憶)'으로 표상된다. 그의 시는 세월을 바탕으로 짙푸른 색채나 녹색을 배경으로 하여 전개되며 이는 저변에서 밀도 있게 되작여져 애틋하고 애달픈 상념으로 표출된다. 김병수 시인의 시집 『검정 고무신』은 제1부 「새봄에는」에서부터 제6부 「철마의 노래」에 이르기까지 입체적으로 촘촘히 얼개가 구성되어 있다. 그중 제3부 「괴양골영가(靈歌)」는 전체가 11수의 연작시로 엮어져 있으며 이는 시집 『검정 고무신』에 있어 중심 테마(Theme)의 본류를 형성하고 있다. 연작시 「괴양골 영가」는 향토와 연계하여 시적자아가 자연 속에 묻혀 살아가는 삶의 충만감, 자연을 바탕으로 하는 세월의 뒤안길, 서정적이고 향토적이며 평온한 일상에 대한 자족감 등이 다양한 모자이크(Mosaic)를 이루며 시집 전반을 망라하여 파노라마(Panorama)처럼 펼쳐진다. 이에는 포근하고 자애로우며 희생적 인고의 표상인 모상(母像)에 대한 그리움과 회한, 평생 논밭에서 허리 굽어 살다 일찍 타계하신 부상(父像)에 대한 안타까운 회억(回憶), 어릴 적 고백도 못하고 종식된 어느 소녀에 대한 동화같은 순정, 시적자아가 체험한 고향의 전통적인 미풍양속(美風良俗) 등이 다채롭게 시적 조화를 이루며 효율적 기재(器材)로 작용하여 주제를 한껏 승화시킨다.

    검정 고무신
    닳아질까 허리춤에 차고
    학교 가는
    맨 발
    십리 자갈길

    찬바람 몰아치는 신작로

검푸른 속살

무중우 잠방이

구멍 난 무릎

황소바람 치는 소리

풋대 죽 한 사발에

물배를 채우던,

배고픈 보릿고개 시절

맨발, 십리 자갈길

허리춤에 차고 가는 검정 고무신
- 괴양골 靈歌 2「무중우 잠방이 검정 고무신」전문

    가슴이 뭉클해진다. 몸체의 깊숙한 밑면으로부터 '쩌르르'하는 전율이 입체적으로 감지되어 온다. 익숙한 진회색 영상이 내부에서 격동으로 파동 치다 원형으로 파장을 이루어 일렁인다. 그간 까마득히 잊고 살아온 헐벗고 굶주렸던 어린 시절의 회억(回憶), 김병수 시인이 예기치 않은 시 한 수를 불쑥 꺼내어 강렬한 효력으로 온몸을 마취해온다. 시의 체관(體管)에서 혈류(血流)처럼 관류하는 가난뱅이 시절 황량한 시골길의 추위와 굶주림, 헐벗음이 맨발로 등교하는 십리 자갈길에 가감 없이 응축(凝縮)되어 표출된다. 김병수 시인의 시집 『검정 고무신』의 표제시(標題詩)인 이 작품은 전체가 군더더기 없이 깔끔하며 정황묘사가 뛰어나고 주제가 효율적으로 표출되어 단연 시집 작품 전체의 백미(白眉)를 이룬다. 각 연을 명사로 갈무리한 이 작품의 기저(基

底)를 형성하는 감각적 묘사의 요체(要諦)는 줄곧 시집 전체를 아우르고 망라하여 중요 중심 테마(Theme)로 작용한다. 덧없이 흘러간 지난 세월에 대한 애틋함과 그날들에 대한 짙은 회한, 영욕의 세월과 함께한 질곡(桎梏)의 삶에 대한 애환 등이 한편의 선연한 영상으로 부연되어 펼쳐진다. 살을 에듯 매섭게 황소바람 이는 십리 자갈길을 검정 고무신 닳을까봐 허리춤에 차고 맨발로 걸어 학교에 등교하는 시적자아의 모습은 동시대를 살아온 모든 이들이 체감하고 공유하는 공통적 시대상이기에 유난히 애잔한 감동과 함께 여운(餘韻)이 진하다.

끊어질 듯 영생하는 소리
칠흑 밤
어머님 시름 태우는
접싯불
타고 또 타는 삼경,
한 세월 안고 가는 가락의 윤회여

무릎 베개 철부지 환상 꿈길 갈 때
어머니 모진 세월
물레로 가닥가닥 잣아
한 길 가고 또 가는
가락의 먼 길
한 세월 안고 가는 백사의 꿈이여
- 괴양골 靈歌 9 「물레」 전문

김병수 시인의 『검정 고무신』 중에서 표제시와 더불어 시적 형상화의 감동적인 여운이 파장을 이루는 격조 높은 또 다른 작품이다. 김병수 시집 『검정 고무신』에는 어머니의 사랑과 희생적 삶, 모성에 대한 그리움 등을 형상화한 사모곡(思母曲) 류 작품이 다섯 편 담겨있는데 위의 시 「물레」는 그중에서도 단연 눈길을 끌어 압도하는 수작(秀作)으로 평가된다. 이에는 접싯불 아래 한밤을 지새며 물레를 잣는 어머니에 대한 시적자아의 추상(追想)이 정제된 시적배경과 함께 적합하고 절제된 시어로 잘 묘사되어 있다. 시의 구절 중에는 '끊어질 듯 영생하는 소리'라는 아이러니(Irony)한 모순어법이 두드러지고 '어머님 시름 태우는/ 접싯불'이라는 감각적 묘사와 '한 세월 안고 가는 가락의 윤회여'라는 시어 조합 및 영탄적 어조가 두드러지고 '한 길 가고 또 가는/ 가락의 먼 길'이라는 은유적 묘사, '한 세월 안고 가는 백사의 꿈이여'라는 은유 및 영탄조의 수사적 표현이 시의 격조를 가일층 드높여 준다. 이는 자애롭고 헌신적이며 희생적인 어머니의 이미지를 구체화하여 강화하고 감칠맛 있게 시 전체를 견인한다. 김병수 시인의 시집 『검정 고무신』에서는 어머니에 대한 절절한 애상과 추념이 더욱 의미영역을 넓혀 아버지와 아내, 아들에게로 초점이 옮아가 가족 구성원 전체로 확장된다. 이들 가족 관련 일련의 시군(詩群)들은 공통적으로 개체에 대한 사랑과 그들의 희생적이고 고난 어린 삶, 절실하고 진솔한 당부 등을 담고 있다. 이들 작품 중에서 아들을 대추나무로 비유하고 이를 의인화(擬人化)하여 시적자아의 심회를 그린 시가 눈길을 끈다.

2. 김병수 시인은 따스하고 포근한 휴머니즘을 인간적 감성으로 빚는다.

무릇 인간적 휴머니즘(Humanism)은 세상에 존재하는 지고지순(地高至純)한 제반의 가치 중에서 가장 숭고하고 중요한 덕목으로 인식된다. 휴머니즘은 박애정신(博愛精神)을 바탕으로 인종, 국적, 종교의 차이를 초월하여 인류의 공존을 꾀하고 복지를 증진시키는 사상을 지칭한다. 박애주의가 보편화하고 일상화될 때 세상은 보다 훈훈하고 따뜻하며 인간의 존엄성이 강화될 것이다. 이는 인간이 모든 존재의 중심이 된다는 인본주의(人本主義) 사상과도 상통되며 인간성을 존중하고 문화적 교양의 발전을 목표로 하는 인문주의(人文主義) 사상과도 합치한다. 또한 이는 사람의 평등한 인격과 그 존엄성을 가장 중요하게 여겨 인간애를 바탕으로 인종, 민족, 국적, 종교의 차이를 초월하는 인도주의(人道主義)나 인간주의(人間主義) 사상을 포괄한다. 우리가 휴머니즘을 함유하고 극대화하여 일상에 구현해야 하는 절대적 연유이다.

시는 삶에 대한 다층적 사유(思惟)와 가슴앓이의 전율에 의해 꽃을 피운다. 시인은 순결한 영혼의 숨결을 채록(採錄)하여 윤기 흐르는 한 올의 금빛 실올을 엮어내는 물레질의 장인(匠人)이다. 한 편의 작품을 위해 시인은 끊임없이 번민하고 갈등하며 그만의 산파적 진통을 극복해간다. 문학작품의 존재이유로는 감흥과 교훈의 두 가지 측면이 있다. 그러기에 T,S 엘리엇(Eliot)은 시인을 지칭하여 작품 속에서 정서와 사상을 등가(等價)로 침전(沈澱)시켜야 한다고 주장한다. 시 작품은 작가와 독자와의 관계를 연결 짓는 소통의 설계도이다. 보다 능동적이고 효율적인 소통을 위해서는 작품에 투영된 시인의 의식과 어조(語調)가 진정성으로 충만해 있어야 한다. 시는 사유의 총합에서 이루어진다. 시의 사유는 감정과 이상 사이에 존재하고, 시와 철학 사이에 존재하는 상관물이다. 이를 올바로 구현하기 위해서는 괴테(Goethe)의 지적처럼 시인들이 창작과정에서 잉크에 너무 많은 물을 타서 쓰면 안 된다. 시는 혈관에 흐르는 뜨거운 피로 쓰는 최상위적 창조물이기 때문이다. 시는 함축과 은유 및 상징으로 구현되는 언어주도의 이미지 예술이다. 이러한 시의 바탕에 휴머니즘의 기류가 전반적으로 토양을 구축하고 있다면 이 얼마나 멋지고 아름다우며 훈훈한 일인가.

    눈물이 바다 되었나!
    돌아보면 물길뿐
    육신이 썩어가는 천형
    문둥이!
    가족이 울고 한이 소리친다.
    접근 금지 경고문
    인적은 정지하고
    모퉁이 너머에서 들리는 울음소리
    그 고통 가슴으로 안아주지 못하고
    눈가에 고인 그 눈물
    한 방울도 닦아주지 못하고
    아픔만 가슴에 안고 뒤돌아섭니다.
    - 「소록도」 부분

눈이 내립니다.
차디 찬 밥사발 위에도
노점에 태워버린
당신의 세월에도 하얀 눈이 내립니다

백발 꼬부라진 허리
합죽 볼, 꺼진 눈
수수깡 같은 마른 육신으로
죄지은 자식 나오게 해 달라고
좌대 앞에 밥 한 그릇 놓고
모든 것이 당신의 죄인 양 빌고 있습니다.

평생을 주던 사랑
저렇게 살을 깎아 주고도 모자라
눈 내리는 노점에서
식은 밥 한 그릇마저 그냥 먹지 못하는
넓고 깊은 사랑의 바다
우리들의 어머니....
- 「노점상 할머니」 부분

시적자아는 지금 몹시 마음이 아리다. 그는 소록도에서 신음하는 나병환자에게도, 눈 내리는 날 길거리 노점상 할머니에게도 인간적 깊은 연민의 정과 안타까움을 가진다. 그들은 모두 우리 주변인이고 결코 우리 삶과 무관한 타인이 아니기 때문이다. 이

른바 매우 숭고하고 아름다운 휴머니즘의 발로(發露)이다. 인간은 더불어 살아가는 사회적 존재이다. 공동체적으로 함께 살아가면서 삶의 존재 의미를 고취하는 뜻에서 인간이 동물과 다른 차등적 연유를 갖는다. 소록도는 비극을 천형(天刑)처럼 짊어진 슬픔과 아픔의 공간이다. 마냥 짙푸르고 드넓은 바다에 떠서 파도에 몸을 맡기고 외로이 부유(浮遊)하는 섬, 그곳은 오롯이 슬픔과 절망의 눈물이 바다를 이루는 금단(禁斷)의 비극적 공간이다. 인적이 정지된 접근 금지 경고문 너머에서 환청(幻聽)처럼 들려오는 고통의 울음소리, 시적자아는 그 한스러운 고통을 온몸으로 체감하지만 이들의 눈물 한 방울도 닦아주지 못하고 아픔만 안고 돌아서고 만다. 소록도가 바다 너머 육지와 내왕할 수 없는 불가결(不可缺)의 경계를 지닌 것처럼 애초부터 시적자아는 격리되어 수용된 나병 환자와는 결코 합치할 수 없는 경계를 지닌 존재이다. 다가갈 수 없는 그런 현실적 정황이 종래 시적자아를 몹시 슬프게 한다. 눈 내리는 날, 덧없는 세월에 늙어버린 노점상 노파는 우리를 슬프게 한다. 백발에 꼬부라진 허리, 합죽 볼과 꺼진 눈으로 묘사되는 여인은 수수깡처럼 마른 체형을 지니고 있다. 그 여인이 눈 내리는 날 차가운 좌대 앞에 밥 한 그릇 놓고 자식을 위해 간절히 비원(鄙願)하는 모습이 가슴을 먹먹하게 한다. 평생에 걸쳐 자신의 살을 깎아주듯 내리사랑을 쏟아 붓고도 죄 지은 자식의 행위를 자신의 죄인 양 간절히 염원하여 빌고 있는 노파의 무한히 자애로운 모습이 우리를 매우 숙연하게 한다. 이 작품은 무한한 사랑으로 자애롭고 헌신적이며 희생적 삶을 숙명처럼 여기며 살아가는 우리들의 보편적 어머니 상을 '넓고 깊은 사랑의 바다'로 구상화(具象化)하여 공감케 한다. 또한 결미(結尾) 부분에서 노점상 여인을 '우리들의 어머니'로 통칭하여 호칭함으로써 어머니 상의 이미지를 구체화하고 일반화한다. 길거리 차가운 날씨와 상대적으로 대비(對比)되는 노점상 할머니의 무한히 온유하고 따스한 사랑, 순수하고 순결한 눈의 흰색과 할머니의 순백색 백발이 순연하게 색채 조화를 이루어 시를 더욱 내실 있고 알차게 승화시킨다.

3. 김병수 시인은 화초에 담긴 화소(畵素)를 채록하여 시로 승화한다.

꽃은 아름다움의 상징이다. 이는 대체로 화려함과 번영, 영화 등의 긍정적 의미를 표상하고, 아름다운 여인이나 인간 삶에 있어 좋은 일에 비유되기도 한다. 또한 꽃은 젊음과 사랑을 상징하기도 하고 한 집단이 지닌 속성을 지칭하기도 한다. 조선 전기의 서화가이자 시인인 강희안(姜希顔)은 꽃 중에서 뛰어난 운치와 절개를 상징하는 매화, 국화, 연꽃, 대나무를 1등급으로, 부귀를 의미하는 모란, 작약, 왜홍(倭紅), 파초를 2등급으로, 운치가 뛰어난 치자, 동백, 사계화(四季花), 종려, 만년송을 3등급으로, 화리(華梨), 소철, 서향화(瑞香花), 포도, 귤을 4등급으로, 석류, 도(挑), 해당화, 장미, 수양버들을 5등급으로, 진달래, 살구, 백일홍, 감, 오동을 6등급으로, 배, 정향, 목련, 앵두, 단풍을 7등급으로, 무궁화, 석죽, 옥잠화, 봉선화, 두충(杜冲)을 8등급으로, 해바라기, 전추라(翦秋羅), 금잔화, 석창포, 화양목을 9등급으로 분류하여 제시한 바 있다. 또한 15세기 원예 실용서인 『양화소록』 에서는 대표적인 꽃의 상징적 의미로 매화는 강산의 정신을 지니고 태고의 모습을 드러내는 것으로 보았고, 국화는 혼연한 원기(元氣)가 그지없는 조화(造花)라 하였으며, 연꽃은 깨끗한 병속에 담긴 가을물, 비 갠 맑은 하늘의 달빛, 봄볕과 함께 부는 바람이라 하고, 모란은 부귀영화를 상징하는 대표적 꽃으로 표현한 바 있다. 꽃은 아름다움을 상징하나 이를 미적가치로만 인식하면 품격 있고 격조 높은 시의 형상화는 불가능할 것이다. 김병수 시인은 화초로 대별되는 다양한 제재를 세세한 시선으로 응시하고 이에 가치 있는 의미를 부여하여 합리적 주제로 축출하는 시적 기법을 보인다.

> 짧은 꽃 대궁에 작은 꽃봉오리
> 제 몸을 줄이고 깎아내어
> 절명위기를 고통으로 극복하며
> 종의 보존 앞에 몸부림치는
> 들꽃의 각고의 생존지혜
> 그 뿐이랴
> 예쁜 꽃을 피우면
> 밟히지 않고
> 생존할 수 있다는 것을 터득했더냐!
> 예쁘게 피운 노란 민들레꽃
> 사십도 열기를 뿜어내는 길바닥에
> 납작 엎드린 채 살포시 웃는 얼굴로

향기를 뿜으며 생을 찬미하고 있다.
- 「민들레」 부분

어느 가슴에 묻고 싶은
백옥 순정, 그리움으로
혹한 속에 왔다가
삼사일 머물다 가야하는
이슬 같은 虛妄運命이더냐

눈짓만 해도
우수수 떨어질 것 같은
꽃 마음
깨물면
하얀 피가 흐를 순백의 천사여
- 「목련」 부분

    작고 여리고 나직한 생체(生體)를 응시하는 시선이 포근하다. 보행길 보도블록 틈새를 비집고 가만히 고개를 내민 민들레꽃 한 송이, 스스로 제 몸을 줄이고 깎아내는 고통을 감내하며 억척스레 생을 개척해가는 당찬 모습은 모든 세인(世人)의 삶에 귀감이 되고도 남는다. '물도 없고 기름진 흙도 없는' 척박한 환경에서 사십 도가 넘는 열기를 이겨내고 예쁘게 노란 꽃을 피운 앙증맞은 꽃송이는 참으로 얼마나 대견한가. 행여 예쁜 꽃을 피우면 오가는 행인의 발길에 밟히지 않을까 하여 납작 엎드린 채 지극정성으로 노란 꽃을 피운 것으로 유추(類推)하는 화자(話者)의 상상적 상념과 이를 설의(設疑)적 표현으로 갈무리하는 수사법적 기법이 돋보인다. 평자(評者)는 겸손한 마음으로 이 시 앞에서 행여 지난 날에 환경을 탓하며 나태하거나 책임을 전가한 적이 없는지 새삼 돌이켜 반성한다. 목련은 눈부시다. 따스한 봄날 햇살을 마주하고 피어나는 목련은 청초하고 아름답기 그지없다. 목련은 따뜻한 남쪽이 아닌 찬바람 불어오는 북녘을 바라보며 피어난다. 목련은 꽃송이가 백설처럼 이가 시릴 듯이 새하얗다. 그리움으로 혹한 속에 왔다가 짧은 시간 머물고 이내 허망이 떠나는 목련의 모습은 정녕 안타까움과 아쉬움을 유발한다. 시적자아는 세속(世俗)에서 행여 새하얀 꽃잎이 때 묻을까봐 책갈피에 끼워 두겠다는 속마음을 넌지시 내비친다. 이런 시인다운 애틋한 감성이 목련의 순백색 이미지를 한껏 드높인다. 이 시는 종결부에서 '눈짓만 해도/ 우수수 떨어질 것 같은/ 꽃 마음'과 같은 예리한 감각적 표현과 '깨물면/ 하얀 피가 흐를 순백의 천사여'라는 감각적인 영탄적 어조 및 은유적 묘사가 시적 제재의 순결성과 묘미를 입체화하고 확연히 명료화(明瞭化)한다. 목련을 깨물어 흐르는 하얀 피, 이 얼마나 멋지고 육감적이며 감성적인 묘사인가.

4. 김병수 시인은 역사현장의 숨결을 반추(反芻)하여 시로 직조한다.

역사는 현재에 존재하며 미래에 방점(傍點)을 둔다. 이는 과거의 유물적 산물로서 현재에 좌표를 찍고 미래의 지향점을 제시하는 특성을 갖는다. 역사는 인류사회의 발전과 관련된 의미 있는 과거 사실들에 대한 인식을 말한다. 이는 어떤 일이나 현상, 사물이 진행되고 존재해온 과정의 추이(推移)와 자연현상이 변해온 자취를 망라(網羅)하는 범주를 갖는다. 역사의 현재성은 역사의 미래성에 대한 확고한 예지력(叡智力)을 갖는다. 그러기에 역사현장은 민족적 자존과 자아정체성의 실체적 확립을 위해서도 더할 수 없이 존귀한 의미를 갖는다. 김병수 시인은 역사의 채화(採火)와 시적 형상화를 위해 추사생가와 정지용 시인의 본가를 찾는다. 추사는 조선말기 뛰어난 문신이자 서화가(書畫家)로 알려져 있다. 그는 실학자, 고증학자, 역사학자, 금석학자로도 통칭되나 무엇보다도 창의적이고 독특한 추사체의 창시자라는 의미에서 서예가로 우리와 친숙한 인물이다. 그는 서예와 금석문의 대가로서 후학이 많고 관직에도 진출하여 중요한 역할을 담당하였다. 작품 「숨결」은 시적 주체의 출생지인 충청도 예산의 고택을 방문하여 시적자아 심회를 구술한 작품이다. 또한 「향수의 그 고향」은 현대 한국시의 아버지로도 지칭되는 국내 모더니즘(Modernism) 시 선구자인 시적 주체의 생가를 찾아 그의 대표작 「향수」를 기저(基底)로 감회와 정서를 구상화하여 그린 작품이다.

    세월을 보듬은 채 말 없는 가을날 툇마루
    귀뚜라미 소리 들린다.
    임의 숨결이 들린다.
    추사체의 산실
    묵향이 흐르는,

목판위에 일필휘지 서체들
하늘을 나는 학의 춤사위인가.
휘돌아 오르더니 내려오고
걷다가 날아가는가 했더니 멈추어 선,
획마다 점마다 글자마다
임의 혼. 살아 숨을 쉽니다.
- 「숨결」〈추사 반추〉 '추사생가에서' 부분

그 고향은 그때도 지금도 거기 있다
넓은 벌은 시인의 가슴속에 있었고
맑은 물 휘돌아 흐르던 실개천
그 모습은 흔적 없이 변한 듯 했지만
지금도 땅속을 흐르며
옛이야기를 지줄 대고 있다.

얼룩빼기 황소가 밭갈이하던 넓은 벌엔
건물이 들어섰을 뿐
황금빛 노을은 예처럼 내리고
그 노을빛 속엔
망국의 설움과 아픔과 눈물과
시작에 몰입되어 육신을 태우던
고뇌와 열정의 노래가 들리지 않던가.
- 「향수의 그 고향」〈지용 회억〉 '지용제에서' 부분

세월이 소슬히 흐르는 가을이다. 고즈넉하고 안옥하며 포근한 고옥(古屋), 추사체의 산실(産室)인 그곳에선 가을날 툇마루가 오랜 세월을 보듬고 귀뚜라미 소리를 음미하고 있다. 생가 어디선가 생생히 느껴져 오는 임의 숨결, 묵묵히 묵향이 흐르는 산실에선 일필휘지(一筆揮之)의 서체들이 학의 춤사위처럼 휘돌아 오르내리며 임의 혼으로 살아 숨 쉰다. 시적자아는 역사적 현장을 대단히 생동적이고 입체적으로 묘사하여 작품의 신비로운 느낌을 강화하고 시적주체가 겪은 아픔과 인고의 세월을 내재화하여 반추(反芻)한다. '굽이치는 물결'이나 '하늘을 나는 학의 춤사위'로 묘사되는 은유적 표현은 휘돌아 오르듯이 생동적인 서체를 더욱 역동적으로 강화시킨다. 톡톡 튀는 동적(動的)인 시어와 입체적 표현은 온유하고 정적(靜的)인 작품의 공간적 배경에 생생한 숨결을 불어넣어 시를 능동적으로 살아 숨 쉬게 한다. 시인은 시적 주체가 겪은 아프고 고난어린 생애와 인고의 세월을 거쳐 완성한 역사적 사실에 주목하여 서체의 신비성과 불멸성을 단언하는 어조로 결미를 장식한다. 고향은 아직도 거기에서 정겹게 옛이야기를 지줄 대고 있다. 황금빛 노을이 한 폭의 그림처럼 내려앉은 벌판에서는 밭갈이 하는 얼룩빼기 황소의 울음이 서녘으로 기우는 저녁 해를 배웅한다. 고향 벌판은 예전처럼 황금빛 노을이 찬연하지만 낭만적이던 실개천은 온 데 간 데 없이 사라지고 건물만 빼곡히 들어섰다. 무심한 세월이 모든 현상을 변화시키는 사실이 허무감을 야기(惹起)한다. 시인은 흔적 없는 실개천의 아쉬움을 '지금도 땅속을 흐르며/ 옛이야기를 지줄 대고'있는 가상적 상황으로 끌어와 시적주체의 향수와 연결한다. 이 작품은 서정적인 작품배경과 시적 언어가 적이 평온하고 안옥한 향토성을 드러내나 그 배면(背面)에 잠재하는 망국의 설움과 아픔에 유념하여 숙연히 감상해야 할 작품이다. 시인의 역사적 인식과 기림은 영역을 확장하여 인동초로 지칭되는 김대중 전 대통령에게로 시선이 결집된다. 암울했던 절망의 시기에 '늘 겨울이었던 생과 사의 길'을 걸어온 시적주체에 대한 흠모와 연민의 정이 전이(轉移)되어 세인을 공감케 한다. 생사의 갈림길에서도 주인공이 불굴의 의지로 가시덤불 헤치고 피어 오른 금은화처럼 군화 발에 짓밟혀 꽁꽁 얼어붙은 이 땅에 '꿈과 사랑과 희망의 꽃'을 피우는 불멸의 위업을 이루었기에 그에 대한 기림과 추모의 정회 또한 각별하다.

5. 김병수 시인은 분단현실의 비극과 아픔을 채화(採火)하여 시화한다.

한국전쟁은 이 땅에 영원히 씻을 수 없는 상처와 상흔(傷痕)을 남겼다. 세계사에서 유래를 찾을 수 없는 동족상쟁(同族相爭)의 비극, 6·25 전쟁의 폐해는 너무나 막심했다. 6·25 전쟁은 1,500년대 이후 발생한 단일전쟁으로 세계에서 7번째로 많은 사상자를 냈다. 전쟁의 원인은 외적인 요인과 내적인 요인으로 나뉜다. 제2차 세계대전에서 일본이 패망하자 힘의 공백을 메우기 위해 미국은 남한에, 소련은 북한에 들어서서 신탁통치를 시행했다. 하지만 통치를 하는 미국과 소련의 입장은 확연히 달랐다. 소련은 세계 적화를 위해서 공산국가를 늘리려 했지만, 미국은 세계대전이 끝났으니 해외의 전쟁에 휘말리고 싶지 않았던 것이다.

이런 정황이 결국 전쟁의 빌미를 제공했고 우리나라가 극한의 소용돌이에 휘말리게 된 계기가 되었다. 한국전쟁은 남북한의 주장이 충돌해서 일어난 내전이기보다는 소련과 미국의 이익을 위해 들러리로 전쟁을 치렀다는 대리전 성격이 더 강했다고 볼 수 있다. 북한은 소련 스탈린의 적화정책에 의해서, 남한은 미국의 일본방위선 보호를 위해서 전쟁을 벌였다는 주장이 설득력을 갖는다. 전쟁은 참으로 참혹했다. 그리고 일촉즉발(一觸卽發)의 위험성이 팽배한 한반도의 긴장과 대립 상황은 오늘까지도 극도로 경직되어 우리 모두를 불안과 긴장 속에 몰아넣고 있다.

> 戰友가 피를 흘리며 죽어갔고,
> 부모 형제가, 불귀不歸의 원혼冤魂이 되어 아직도 떠도는
> 평화롭게만 보이는 이 곳 비무장지대
> 우리 사람들만의 이산이 아니구나.
> 짐승들도 철조망을 사이에 두고
> 바라보며 서 있어야 하는 아픔이 있고,
> 나뭇가지에도, 풀포기 하나에도
> 기다림과 그리움, 아픔과 아쉬움이
> 녹슨 채 슬프게 맺혀 있다
> 비무장지대!
> 철책선을, 이념을 털어내고 보면
> 저리도 아름답고 평화로운 우리의 땅
> 언센가 다가올 평화로운 세월을 기다려야 하는,
> - 「非武裝地帶 1」 부분

그렇게도 가기 힘들었던 그 길
반백년 막혔던 철책을 뜯어 제치고
철마는 기어코 달리고 말았다.
평화와 통일의 염원을 싣고
북을 향하여, 남을 향하여
철마는 거침없이 달렸다.
아! 철마여 겨레의 염원이여
꿈과 희망을 안고 달리는
너의 모습이 자랑스럽구나.
겨레여 강산이여
가슴속 미움도 원망도 닦아내고
가슴속 슬프고 아픈 상처도 닦아내고
가슴속 고인 눈물도 다 닦아내고
이제 우리
그 자리 아름다운 통일의 꽃을 심자
-「철마의 노래」부분

　분단의 시련과 아픔이 시의 구절마다에서 격동적으로 비극성을 야기(惹起)한다. 시인은 이런 비극적 정황을 보다 구체적이고 실증적인 언어와 묘사를 통하여 극대화한다. 시「비무장지대」는 외형상 푸르고 아름다우며 평화로운 자연의 모습에 대비(對比)하여 그 안에 도사린 실체적 분단 조국의 서러움 및 비극적 정황을 극명하게 대조함으로써 사실감의 밀도를 드높인다. 비무장지대는 외견상 드넓은 숲에서 아름다운 꽃이 피고 갖가지 새들이 지저귀며 뭇짐승들이 한가로이 뛰노는 지상낙원이다. 남북분단의 현실적 정황만 아니라면 비무장지대는 고요하고 평화로우며 아름다운 이상적 세계이다. 그러나 이러한 상념은 '녹슨 철조망'과 '철책선'이라는 경직된 단어에 의해 여지없이 붕괴된다. 통일을 염원하는 7천 만의 소망이 간절하고 이산(離散)의 한과 그리움이 켜켜이 쌓인 민족에게 비무장지대는 여전히 관념적(觀念的)인 비극의 장소이고 이데올로기(Ideology)가 행동과 사상을 지배하는 서러움의 공간이다. 이곳에서는 짐승들도 철조망을 사이에 두고 갈라서 있고 나무와 풀포기까지도 그리움과 아픔이 사무쳐 있다. 이에 시적자아는 그저 망연히 언젠가 다가올 평화의 새날을 기다린다. 그것이 주어진 현실에서 취할 수 있는 행동의 전부이기 때문이다. 장엄하게 요동치던 철마의 굉음(轟音)도 그날 그곳에서 멈추고 말았다. 거기서 이념이 묶어놓은 분단의 장벽에 막혀 긴긴 날에 걸쳐 녹슬어갔다. 아픈 날들에 겨레가 울고 강산이 울고 수목이 울었다. 가슴 찢어지도록 그리움과 한이 사무치는 땅, 철마는 반백년을 가슴 조이며 기다리다 드디어 달리기 시작한다. 시인은 철마가 그렇게도 가기 힘들었던 북녘 땅을 거침없이 힘차게 달리는 가상적 정황을 설정하여 희망의 메시지(Message)로 전달한다. 철마가 평화와 통일의 염원을 싣고 힘차게 달림으로써 서로 간에 가슴속 깊이 응어리진 미움과 원망의 사슬을 잘라내고 슬픔과 아픔의 상처를 치유하고자 한다. 시적자아는 녹슨 철마의 자리에 아름다운 통일의 꽃을 심자는 청유형(請誘形) 서술을 피력(披瀝)하여 대미를 장식함으로써 꿈과 희망의 의지를 강화한다.

6. 김병수 시인은 삶의 다양성을 채록하여 정제된 감각으로 시화한다.

시는 바로 그 시인 자체를 의미한다. 시는 총체적으로 시인이 살아온 삶의 궤적(軌跡)이고 인생의 역정일 수밖에 없다. 시는 동적인 생명체로 작동하기에 존귀하며 소중한 정신적 실체로 작용한다. 사람들은 저마다 각기 다양한 삶을 살아간다. 이를 작품에 담기 위해서는 시인도 진지한 의식과 진솔한 감성으로 다양한 삶을 이해하고 체감해야 한다. 시인은 상식에 정통하고 철리(哲理)를 이해하며 탐구를 일상화하는 학구적 존재여야 한다. 그래야 보다 참되고 값진 작품의 창작이 가능하기 때문이다. 시인의 길은 대체로 외롭고 외골수이며 요철(凹凸)이 심하다. 다음에 제시한 작품들은 김병수 시인의 작품집 『검정 고무신』에 게재된 시들 중에서 각기 특징적으로 주제를 달리하면서도 시적 통찰력과 작품화의 구현(具現)이 뛰어나고 완성도가 높아 주목되는 작품들이다.

초롱한 눈빛
파릇이,
합장合掌한 여승
백옥살결 아침 이슬이여

승복에 감춘 매듭의 사슬
속눈썹에 매달려 울고

애절한 염불소리
은은한 다향 속에 녹는다.

무명초 잘라내도
고행의 풀 다시 자라고
성불의 고뇌가
작은 가슴에 가득 차 있구나.
- 「여승」 부분

한 겨울
목울음으로 피운
백옥 향, 하얀 고깔이여

어인 그리움 그리 많아
낯선 발걸음소리에 귀 세우고
달빛 푸른 유리창에 눈물을 뿌리는가

지고지순 고고한 당신
곁에 두고 사랑하고픈
정한의 여인이어라
- 「란 2」 - '정한의 여인' 부분

고즈넉하다. 산사(山寺)에서 바람결에 은은히 들려오는 풍경 소리와 나지막한 염불소리가 거역할 수 없는 음역(音域)의 파장으로 가슴을 파고든다. 산사에선 오늘 따라 목탁소리도 한결 여운이 짙고 합장하여 염원하는 간절함도 더욱 절실하다. 이슬같이 순결하고 백옥처럼 청초한 여승은 아직도 세속의 인연을 탈피하지 못하고 있다. 더욱 간절히 합장하여 염원하고 더욱 절실히 부처의 세계에 몰입해야 할 연유이다. 세상의 고뇌는 잡초와도 같아서 자를수록 더욱 파릇이 자라는 것, 산사의 고독이 멍울진 여승의 얼굴에 깊이 모를 그림자가 드리운다. 작품 「여승」은 산사의 고적(孤寂)한 분위기와 은은한 다향(茶香), 여승의 합장과 염불소리가 순연히 시적요소로 어우러져 주된 배경을 형성함으로써 시를 더욱 밀도 있고 탄탄하게 뒷받침한다. 이 작품을 완상(玩賞)하다 보면 깊은 산골 어느 외진 암자(庵子)에서 애절히 합장하여 기구(祈求)하는 연꽃 같은 여승의 모습이 한편의 시화(詩畵) 같은 영상으로 확연히 부연(浮煙)되어 온다. 이에 비해 「란」 2 '정한의 여인'은 고결한 시적주체에 대한 찬탄과 그리운 연민의 정을 주조(主潮)로 하여 서정적자아의 내면을 감상적으로 표출한 작품이다. 이에서는 지고지순(至高至純)한 란의 이미지를 '기다림에 지친 넋'이나 '그리움에 눈물 뿌리는 여인'으로 의인화하여 표상함으로써 구상화(具象化)하는 시인의 창의적 안목이 두드러진다. 시적 주체를 '백옥 향, 하얀 고깔'로 이미지화하고 '이를 곁에 두고 사랑하고픈 정한의 여인'으로 귀결시킴으로써 시적자아의 염원을 투명하게 명시하는 특징적 모습을 보인다.

　　떠난 님 무사귀환 비는
　　가슴 도리 찢는 애상

네 어이 모르는 척 하느냐
달아 산아 그저 흐르는 무정한 강물아

혹한 혹서 눈비바람 속에
긴긴 세월 그리운 님 기다리는
立地不動 唯一心 처녀야
다시는 만나지 못할 것을.....

강물 울고 세월 울고 처녀 우는
임 없는 빈 나루
아리랑 아리랑
정선 아리랑
애곡만 절절히 흐르는 구나
- 「아우라지」 부분

못다 한 삶도 한으로 두고
빈 몸
슬피 우는 요령소리 따라
이승을 뒤로하고
한 줌 흙으로 가는 길
사랑하는 사람들 이승의 문턱에서
작별 슬퍼하고 있을 때
널 위에 노란 국화
한 송이 한 송이 눈물에 젖어들고

흙더미 한 삽 한 삽

봉우리 만들고 잔디 심으면

돌아올 수 없는 저승길

영혼마저 떠나고 나면

흔적 없는 허망세월 꽃상여만 돌아옵니다.

-「꽃상여」부분

강물은 오늘도 여울져 무심히 흐른다. 아우라지는 이별의 강이고 기다림의 강이다. 골지천 휘돌아 가는 강가에서 비바람과 눈비 맞으며 돌아오지 않는 임을 기다리는 처녀상이 보는 이를 안타깝게 한다. 뗏목 꾼의 원혼이 슬피 우는 송천강, 그 비극적 정황은 떠난 임을 무한정 기다리는 처녀상에 전이(轉移)되어 우리를 슬프게 한다. 강에서는 강물이 울고 세월이 울고 처녀가 운다. 오늘도 임 없는 빈 나루엔 물소리만 드높고 아라리 아라리 애곡(哀曲)만 서러이 흐른다. 이 시에서는 사시사철 무심히 흐르는 강물과 달, 산 소재들이 애절히 임 그리는 처녀상과 합치된 동일 이미지로 활용되어 주제와 감성을 심화하는 특징을 보인다. 죽음은 모든 걸 초월한다. 우리는 삶과 주검으로 모자이크(mosaic)된 인생의 등고선에서 상승과 하강의 곡선을 체험한다. 생명의 소진은 가장 슬픈 하강이다. 생에 있어 삶과 죽음은 더불어 존재한다. 사는 것은 곧 죽는 것이기도 하다. 빈 몸으로 왔다가 빈 몸으로 가는 길, 누군들 희로애락의 생애와 다채로운 삶에 있어 한이 없으랴. 퀴불러 로스(Kubler Ross)는 죽음에 이르는 과정을 5단계로 구분하였다. 그 첫째 단계는 부정(Deniel)이다. 사람은 죽음에 대해 큰 충격을 받았을 때 제일 먼저 자신의 상황을 부정한다. 두 번째 단계는 분노(Anger)이다. 자신이 처한 주변의 모든 것들이 분노를 표출하는 대상이 된다. 세 번째 단계는 협상(Bargaining)이다. 상황을 받아들이고 분노도 충분히 표출한 다음에는 더 이상 나아지지 않을 것이라는 것을 깨닫고 상황을 미루려 하는 단계이다. 네 번째 단계는 우울(Depression)이다. 결국 협상도 불가함을 깨달으면 극심한 우울 증세가 나타난다. 다섯 번째 단계는 수용(Acceptance)이다. 모든 감정이 지나가면 이제 피할 수 없는 운명이라며 받아들이는 단계이다. 어느 단계이든 그것은 절망적인 고통임에 틀림없다. 목숨은 본능적으로 죽는 순간까지 삶을 지향한다. 그러다가 종래 허망이 떠나간다. 북망산 가는 길은 멀고도 험하다. 선소리꾼의 구슬픈 사설과 요령(搖鈴)소리 따라 꽃상여 타고 가는 마지막 길, 석별의 순간에 사람이 울고 산천이 울고 선소리가 운다. 끝내 못 다한 삶을 한으로 두고 이승을 떠나는 북망길, 오늘 따라 바람소리 차갑고 산새 울음소리 더욱 구슬프다. 마지막 길에서 영혼마저 떠나고 덩그러니 꽃상여만 돌아오는 정황 묘사가 죽음을 더욱 슬프고 허망이 실감케 한다.

7. 김병수 시인의 작품이 지닌 문학적 관견(管見)

김병수 시인의 시집 『검정 고무신』에 상재(上梓)된 작품경향을 정리하면 다음과 같이 요약된다. 첫째, 상당수 작품이 본향(本鄕)을 중심으로 하는 향토적 서정성에 근원을 두고 있다. 이와 같은 서정성은 시의 본류를 형성하며 독자를 고향에 대한 추상과 향수, 사색의 현장으로 이끈다. 둘째, 시를 형상화하여 구현하는 주된 시어가 보편적이고 토속적이며 감성적인 성격을 지닌다. 시는 언어로 표출하는 예술이다. 향토를 배경으로 하여 구현되는 작품의 시적언어가 서정적이고 토속적인 일상어로 구현되는 것은 합당한 일이다. 셋째, 시적주체에 의미를 부여하여 작품으로 채록(採錄)하는 소재들이 대체적으로 일상인의 생활 주변에서 원활히 접촉할 수 있는 객관적 상관물(相關物)이다. 이는 독자들이 거부감 없이 안락한 마음으로 작품에 접근할 수 있는 통로를 개방해준다. 넷째, 시의 주조를 이루는 주된 정서는 그리움과 회억이다. 이들 정서는 시 작품 전체를 관류하여 일관함으로써 시적 바탕의 정서를 구축하는데 중심축을 이룬다. 다섯째, 따스하고 포근한 인간적 감성을 휴머니즘으로 그린다. 인간주의나 인본주의로도 통칭되는 휴머니즘은 인간사회가 가져야 할 가장 가치 있고 숭고한 주요 덕목이다. 여섯째, 가족에 대한 애틋한 정서와 추념의 심회이다. 이는 주로 가난하고 험난한 생애의 어머니를 표상(表象)으로 구현되는데 정황이 시적자아의 어린 날 회상과 오버랩(Over Lap)되어 구체화된다. 일곱째, 시를 인위적인 꾸밈으로 과장하여 치장(治裝)하거나 수사적(修辭的) 기교를 동원하여 장식하지 않는다. 그러기에 작품들이 담백하고 순수한 맛을 풍겨 보는 이를 안락한 정서와 감각의 세계로 이끈다. 여덟째, 자연물과 화초의 화소(話素)를 채록하여 작품화한다. 이들이 지닌 개체적 특성에 천착(穿鑿)하여 의미를 포착하고 시적 요소를 축출하여 작품의 속살을 마련한다. 아홉째, 역사현장의 숨결을 내재화하고 인물의 위업을 기려 작품으로 형상화한다. 역사현장은 민족적 자존과 자아정체성의 실체적 확립을 위해서도 매우 중요한 의미를 갖는다. 이와 함께 시인은 전국 각지의 중요 사찰과 명소를 특징적인 작품으로 형상화한다. 열째, 전쟁의 상흔과 분단의 비극을 채화하여 실증적이고 구체적인 묘사로 시화한다. 철책에 가로막힌 남북분단 현실을 초탈(超脫)하고 달리는 철마라는 가상적 정황을 설정하여 희망의 메시지로 전달한다. 열한째, 삶의 다양성을 채록하여 정제된 감각으로 시화한다. 진지한 의식과 진솔한 감성으로 소재를 포착하여 다양한 삶의 양상 및 생에 있어서의 정서와 교감을 다각적으로 그려낸다.

시는 궁극적으로 삶의 문학이고 사유의 산물이다. 그러기에 시는 지고(至高)하고 고상한 지적 가치를 가진다. 김병수 시인의 시집 『검정 고무신』 상재(上梓)를 진심으로 축하하며, 앞으로도 더욱 격조 높고 품격 있는 시 창작을 통하여 무한한 문학적 광영이 함께하길 축원한다.